New 중·고등학교 6년분 영단어

6년분 영단어

한권으로 마스터하기

Hirayama Atsushi

영어를 능숙하게 구사하기 위해 반드시 필요한 두 가지 요소가 있습니다.
그것은 Small Grammar(작은 문법)와 Large Vocabulary(큰 어휘)입니다.
즉, 문법은 가능한 한 단순하게 공부하고 단어는 되도록 머릿속에 많이 넣어야 합니다.
이 책은 Large Vocabulary를 목표로 하고 있습니다.

이 책은 사전만큼 Large(큰) 어휘를 담고 있지는 않습니다. 그러나 이 책의 단어를 외워두면 신문, 잡지, 소설 등과 같이 관심이 있는 여러 분야에 도전할 수 있게 됩니다. 또한 이러한 것들을 읽으면 읽을수록 Vocabulary는 증가합니다. 이 책은 이처럼 여러분의 어휘력이 늘 수 있도록 안내하는 역할을 할 것입니다.

우리는 "어떻게 영어 공부를 하면 좋을까?"라고 고민하며 많은 시간을 낭비합니다. 기본으로 돌아갑시다. "중, 고교 영어를 확실히 습득하고 사용할 수 있도록 하자"를 목표로 공부하는 것이 단기간에 효과를 볼 수 있는 최선의 방법입니다.

1 단어 암기를 목표로 하지 않는다.

이 책의 목표는 한국어 문장을 자연스럽게 영어로 표현하는 것이므로 영어 단어를 한국어로 바꾸는 연습을 할 필요가 없습니다. 왜냐하면 이것을 계속한다면 좀처럼 영어로 사고할 기회가 없기 때문입니다. 「영문을 말할 수 있도록 하자」 - 이것만 기억해 둡시다.

2 단어를 느끼자.

공부한 단어를 반드시 사용해 보도록 합시다. 이렇게 하면 처음으로 그 단어의 느낌을 알 수 있으므로 공부한 단어를 자연스럽게 내 것으로 만들 수 있습니다. 반대로 영문을 만들 수 없다면 그 단어를 사용할 수 없다, 즉 내 것이 되지 않았다고 할 수 있습니다. 「본 적은 있으나 뜻이 기억이 나지 않는」 단어가 늘지 않도록 주의합시다.

3 단어를 이해하자.

영단어의 어원을 알면 단어를 이해하는 데 많은 도움이 됩니다. 어원을 공부하는 것은 귀찮다거나 이해하기 어렵다고 생각하는 분들이 계실 수도 있으나 이 책의 마지막에 있는 어원만 공부한다면 어원에 관한 지식을 충분히 습득할 수가 있습니다. 고등학교 수준을 공부하기 전이나 공부하는 도중에 가볍게 훑어보기만 해도 많은 도움이 될 것입니다.

4 즐거운 마음으로 한 달 후를 기다리자.

이러한 연습을 한 달 정도 계속하면 영어에 능숙해지는 것을 직접 느낄 수 있습니다. 「마침내 이 책 속의 영어는 완벽하게 머릿속에 넣었다」라고 말하는 기쁨을 누려보시기 바랍니다.

이 책을 활용하는 방법

먼저 왼쪽 페이지에 나와 있는 단어 열 개를 훑어보자.

그런 다음 아래에 나와 있는 예문을 읽자.

열 개의 단어 중에서 다섯 개를 골라 그것을 사용한 영문이 실려 있습니다.

마지막으로 오른쪽 페이지를 보고 영문을 만들자.

왼쪽 페이지에 제시된 다섯 영문에 새로운 다섯 영문을 더했습니다.
이제 한국어 문장을 영어로 표현해봅시다.

이러한 과정을 거치면 한 UNIT이 끝납니다.
이처럼 한 단계씩 진행되므로 무리 없이 각 UNIT을 마칠 수 있습니다.

MP3 무료다운로드 www.jplus114.com

▶ 홈페이지에서 MP3 파일을 다운로드 하실 수 있습니다.
▶ 오른쪽 페이지 「영어로 말해보자」 영어원문이 모두 수록되어 있습니다.

 다운로드 과정 필요없이 바로 음원을 확인할 수 있습니다.

어휘력을 면적으로 체크해보자!

열 개 단어를 모두 마스터한 UNIT에 색을 칠해봅시다. 현재의 어휘력 수준을 한 눈에 알 수 있습니다.

Group 1

1	2	3	4	5	6	7	8
9	10	11	12	13	14	15	16
17	18	19	20	21	22	23	24
25	26	27	28	29	30	31	32

Group 2

33	34	35	36	37	38	39
40	41	42	43	44	45	46
47	48	49	50	51	52	53
54	55	56	57	58	59	60
61	62	63	64	65	66	67

Group 3

68	69	70	71	72	73	74
75	76	77	78	79	80	81
82	83	84	85	86	87	88
89	90	91	92	93	94	95
96	97	98	99	100	101	102

Group 4

103	104	105	106	107	108	109
110	111	112	113	114	115	116
117	118	119	120	121	122	123
124	125	126	127	128	129	130
131	132	133	134	135	136	137

Group 5

138	139	140	141	142	143	144
145	146	147	148	149	150	151
152	153	154	155	156	157	158
159	160	161	162	163	164	165
166	167	168	169	170	171	172

CONTENTS

Group1 UNIT 1-32

중학교 과정

어휘력을 면적으로 체크해보자!
열 개 단어를 모두 마스터한 UNIT에 색을 칠해봅시다.
현재의 어휘력 수준을 한 눈에 알 수 있습니다.

Unit 1

단어를 보자!

- ☐ **① do** 하다
  [du]
- ☐ **② visit** 방문하다
  [vízit]
- ☐ **③ wait** 기다리다
  [wéit]
- ☐ **④ collect** 모으다
  [kəlékt]
- ☐ **⑤ stay** 머무르다
  [stéi]
- ☐ **⑥ worry** 걱정하다
  [wɔ́:ri]
- ☐ **⑦ forget** 잊다
  [fərgét]
- ☐ **⑧ grow** 성장하다
  [gróu]
- ☐ **⑨ invite** 초대하다
  [inváit]
- ☐ **⑩ respect** 존경하다
  [rispékt]

자주 사용되는 표현을 익히자!

① What do you do?   어떤 일을 하십니까?

③ I can't wait.   기다릴 수 없어.

⑥ Don't worry.   걱정하지 마.

⑦ Don't forget your umbrella.   우산을 잊어버리지 않도록 해.

⑧ Grow up.   어른답게 행동해라.

파생어 · 관련어

④ colléction 수집   **⑧** gról 성장   **⑨** invitátion 초대
⑩ respéctable 훌륭한   respéctful 정중한, 공손한   respéctive 각각의

10

중학교과정

영어로 말해보자!

1 걱정하지 마.   Don't _____ .

2 또 방문해 주세요.   Please _____ us again.

3 초대해 주셔서 감사합니다.   Thank you for _____ me.

4 어떤 일을 하십니까?   What do you _____?

5 우리는 지금 데이터를 수집하고 있습니다.   We're _____ data now.

6 어른답게 행동해라.   _____ up.

7 우산을 잊어버리지 않도록 해라.   Don't _____ your umbrella.

8 나는 부모님을 존경합니다.   I _____ my parents.

9 우리 집에 머물러도 좋아요.   You can _____ with us.

10 기다릴 수 없어.   I can't _____ .

---

1 worry   2 visit   3 inviting   4 do   5 collecting

6 Grow   7 forget   8 respect   9 stay   10 wait

Unit 2

동사 1-2

단어를 보자!

☐ **❶ care** 걱정하다 · 배려
[kéər]

☐ **❷ say** 말하다
[séi]

☐ **❸ send** 보내다
[sénd]

☐ **❹ become** 되다
[bikʌ́m]

☐ **❺ lose** 잃다
[lúːz]

☐ **❻ get** 얻다 · 되다
[gét]

☐ **❼ nod** 끄덕이다
[nád]

☐ **❽ shake** 흔들다
[ʃéik]

☐ **❾ receive** 받다
[risíːv]

☐ **❿ explain** 설명하다
[ikspléin]

자주 사용되는 표현을 익히자!

❶ I don't care. 상관없어.

❷ Say hello to your family. 가족에게 안부 전해 주세요.

❺ I lost my way. 나는 길을 잃었다.

❻ I get it. 알겠습니다.

❿ Can you explain it? 그것을 설명해 주시겠습니까?

파생어 · 관련어

❺ lóss 손실 ❾ recéption 접수처 recéipt 영수증 ❿ explanátion 설명

12

NOTES : ⑧ 밀크 셰이크 ⑨ 리시브하다

영어로 말해보자!

1 가족에게 안부 전해 주세요.   _____ hello to your family.

2 그에게 이메일을 보냈다.   I _____ him an e-mail.

3 그것을 설명해 주시겠습니까?   Can you _____ it?

4 그녀는 머리를 흔들었다.   She _____ her head.

5 그는 끄덕이며 승낙했다.   He _____ yes.

6 나는 길을 잃었다.   I _____ my way.

7 상관없어.   I don't _____.

8 그로부터 편지를 받았다.   I _____ a letter from him.

9 그녀가 내 상관이 되었다.   She _____ my boss.

10 알겠습니다.   I _____ it.

| 1 Say | 2 sent | 3 explain | 4 shook | 5 nodded |
| 6 lost | 7 care | 8 received | 9 became | 10 get |

13

Unit 3

단어를 보자!

□ ❶ **happen** 일어나다
　[hǽpən]

□ ❷ **arrive** 도착하다
　[əráiv]

□ ❸ **hear** 들리다
　[híər]

□ ❹ **finish** 끝내다
　[fíniʃ]

□ ❺ **save** 구하다 · 모으다
　[séiv]

□ ❻ **pay** 지불하다 · 보수
　[péi]

□ ❼ **laugh** 웃다
　[lǽf]

□ ❽ **choose** 고르다
　[tʃúːz]

□ ❾ **return** 돌아오다
　[ritə́ːrn] (돌아가다)

□ ❿ **win** 이기다
　[wín]

자주 사용되는 표현을 익히자!

❶ What happened to you?　무슨 일입니까?

❸ I can't hear you.　안 들려요.

❻ Can I pay with a credit card?　신용 카드로 지불해도 될까요?

❼ Don't laugh at me.　비웃지 마.

❿ You win.　네가 이겼어.

파생어 · 관련어

❷ arríval 도착　❻ páyment 지불　❼ láughter 웃음
❽ chóice 선택

영어로 말해보자!

1 비웃지 마.

Don't _____ at me.

2 몇 시에 부산에 도착합니까?

What time will we _____ in Busan?

3 곧 그것을 끝마칠 것입니다.

I will _____ it soon.

4 네가 이겼어.

You _____.

5 그가 나의 목숨을 구했다.

He _____ my life.

6 어느 것을 골랐습니까?

Which one did you _____?

7 신용카드로 지불해도 될까요?

Can I _____ with a credit card?

8 안 들려요.

I can't _____ you.

9 무슨 일입니까?

What _____ to you?

10 언제 한국에 돌아오셨습니까?

When did you _____ to Korea?

---

1 laugh	2 arrive	3 finish	4 win	5 saved
6 choose	7 pay	8 hear	9 happened	10 return

Unit 4

단어를 보자!

☐ ❶ **understand** 이해하다
[ʌ́ndərstǽnd]

☐ ❷ **turn** 돌다·순번
[tə́:rn]

☐ ❸ **need** 필요(로 하다)
[níːd]

☐ ❹ **think** 생각하다
[θíŋk]

☐ ❺ **mean** 의미하다·하찮은
[míːn]

☐ ❻ **hope** 희망(을 품다)
[hóup]

☐ ❼ **practice** 연습(하다)
[prǽktis]

☐ ❽ **move** 움직이다·
[múːv] 감동시키다

☐ ❾ **agree** 찬성하다
[əgríː]

☐ ❿ **disagree** 반대하다
[dìsəgríː]

자주 사용되는 표현을 익히자!

❶ I understand your feelings. 당신의 기분은 이해합니다.

❸ I need your help. 당신의 도움이 필요합니다.

❹ Let me think. 생각해볼게요.

❺ What do you mean? 어떤 의미입니까?

❻ I hope you like it. 그것이 마음에 들길 바랍니다.

파생어 · 관련어

❹ thóught 사고 ❾ agréement 동의

16

영어로 말해보자!

1	어떤 의미입니까?	What do you _____?
2	나는 그것에 반대합니다.	I _____ with that.
3	동의하십니까?	Do you _____?
4	당신의 도움이 필요합니다.	I _____ your help.
5	다음 모퉁이에서 오른 쪽으로 도세요.	_____ right at the next corner.
6	그녀는 지난주에 서울로 이사했다.	She _____ to Seoul last week.
7	그것이 마음에 들길 바랍니다.	I _____ you like it.
8	피아노를 매일 연습합니다.	I _____ the piano every day.
9	당신의 기분을 이해합니다.	I _____ your feelings.
10	생각해볼게요.	Let me _____.

---

1 mean	2 disagree	3 agree	4 need	5 Turn
6 moved	7 hope	8 practice	9 understand	10 think

Unit 5

단어를 보자!

□ ❶ **marry** 결혼하다
[mǽri]

□ ❷ **believe** 믿다
[bilíːv]

□ ❸ **try** 시험하다
[trái]

□ ❹ **begin** 시작하다
[bigín]

□ ❺ **meet** 만나다
[míːt]

□ ❻ **keep** 유지하다
[kíːp]

□ ❼ **lend** 빌려주다
[lénd]

□ ❽ **borrow** 빌리다
[bárou]

□ ❾ **introduce** 소개하다·
[ìntrəd(j)úːs] 도입하다

□ ❿ **complain** 불평하다
[kəmpléin]

자주 사용되는 표현을 익히자!

❶ Will you marry me? 결혼해 주시겠습니까?

❷ I can't believe this. 이것을 믿을 수 없다.

❺ Nice to meet you. 처음 뵙겠습니다.

❾ Let me introduce myself. 제 소개를 하겠습니다.

❿ I can't complain. 불평을 할 수 없다.

파생어 · 관련어

❶ márriage 결혼 ❷ belíef 신념 ❸ tríal 시행
❾ introdúction 소개 ❿ compláint 불평

18

영어로 말해보자!

1   불평을 할 수 없다.   I can't _____.

2   그것을 시험해 봐야 한다.   You should _____ it.

3   네 차를 빌려주겠니?   Can I _____ your car?

4   결혼해 주시겠습니까?   Will you _____ me?

5   제 소개를 하겠습니다.   Let me _____ myself.

6   비가 오기 시작했다.   It _____ raining.

7   나는 일기를 쓰고 있다.   I _____ a diary.

8   이것을 믿을 수 없다.   I can't _____ this.

9   처음 뵙겠습니다.   Nice to _____ you.

10 제 것을 빌려드릴까요?   Shall I _____ you mine?

1 complain   2 try   3 borrow   4 marry   5 introduce
6 began   7 keep   8 believe   9 meet   10 lend

Unit 6

단어를 보자!

□ ❶ **quit** 그만두다
　　[kwít]

□ ❷ **hit** 부딪치다
　　[hít]

□ ❸ **cheer** 기운이 나다·
　　[tʃíər] 성원하다

□ ❹ **enter** 들어가다
　　[éntər]

□ ❺ **breathe** 숨 쉬다
　　[bríːð]

□ ❻ **fail** 실패하다
　　[féil]

□ ❼ **bark** 짖다
　　[báːrk]

□ ❽ **imagine** 상상하다
　　[imǽdʒin]

□ ❾ **hide** 숨기다
　　[háid]

□ ❿ **hate** 몹시 싫어하다
　　[héit]

자주 사용되는 표현을 익히자!

❶ I'll quit my job. 　　　　일을 그만두겠습니다.

❸ Cheer up. 　　　　힘내라!

❻ He failed in business. 　　　　그는 사업에 실패했습니다.

❽ I can't imagine. 　　　　상상할 수 없다.

❿ I hate carrots. 　　　　당근을 몹시 싫어한다.

파생어 · 관련어

❹ éntrance 입구　❺ bréath 숨　❻ fáilure 실패　❽ imaginátion 상상
imáginary 상상의　imáginative 상상력이 풍부한　❿ hátred 강한 혐오

20

NOTES : ❷ 히트하다   ❸ 치어리더

영어로 말해보자!

1 당근을 몹시 싫어한다.   I _____ carrots.

2 상상할 수 없다.   I can't _____.

3 그는 차에 치였습니다.   He was _____ by a car.

4 숨을 쉴 수 없다.   I can't _____.

5 그는 사업에 실패했습니다.   He _____ in business.

6 개가 나를 보고 짖었다.   A dog _____ at me.

7 일을 그만두겠습니다.   I'll _____ my job.

8 힘내라!   _____ up.

9 그녀는 올해 고등학교에 들어갔다.   She _____ high school this year.

10 그는 무언가를 숨기고 있다.   He's _____ something.

---

1 hate   2 imagine   3 hit   4 breathe   5 failed
6 barked   7 quit   8 Cheer   9 entered   10 hiding

Unit 7

단어를 보자 !

□ ❶ **wear** 입고 있다 ·
[wéər] 써서 낡게 하다

□ ❷ **wish** 바라다 · 소망
[wíʃ]

□ ❸ **protect** 보호하다
[prətékt]

□ ❹ **sound** 들리다 · 소리
[sáund]

□ ❺ **show** 보이다
[ʃóu]

□ ❻ **hurry** 서두르다
[hə́:ri]

□ ❼ **fly** 날다
[flái]

□ ❽ **smoke** 담배를 피우다 · 연기
[smóuk]

□ ❾ **appear** 나타나다
[əpíər]

□ ❿ **disappear** 사라지다
[dìsəpíər]

자주 사용되는 표현을 익히자!

❷ I wish you good luck. 행운을 빕니다.

❹ It sounds good to me. 좋은 생각이군요.

❻ Hurry up. 서둘러라.

❼ Time flies. 시간은 빨리 지나간다.

❽ Do you smoke? 당신은 담배를 피웁니까?

파생어 · 관련어

❸ protéction 보호 ❼ flíght 비행 ❾ appéarance 외관

22

NOTES : ❶ 스포츠 웨어   ❸ 카피 프로텍션 (copy protection - 복사 방지 조치)

영어로 말해보자!

1 서둘러라.   _____ up.

2 행운을 빕니다.   I _____ you good luck.

3   그가 갑자기 사라졌다.   He _____ suddenly.

4 무엇을 입으면 좋을까?   What should I _____?

5 당신은 담배를 피웁니까?   Do you _____?

6 좋은 생각이군요.   It _____ good to me.

7 우리는 아이들을 보호해야 합니다.   We must _____ our children.

8 시간은 빨리 지나간다.   Time _____.

9 결국 그녀는 나타나지 않았다.   She didn't _____ after all.

10 제가 안내해 드릴까요?   Shall I _____ you around?

1 Hurry	2 wish	3 disappeared	4 wear	5 smoke
6 sounds	7 protect	8 flies	9 appear	10 show

Unit 8

단어를 보자 !

□ ❶ **join** 함께하다
[dʒɔ́in]

□ ❷ **throw** 던지다
[θróu]

□ ❸ **hang** 걸다
[hǽŋ]

□ ❹ **fight** 싸우다
[fáit]

□ ❺ **cry** 울다 · 소리치다
[krái]

□ ❻ **shine** 빛나다
[ʃáin]

□ ❼ **discuss** 논의 (토의) 하다
[diskʌ́s]

□ ❽ **run** 달리다 · 경영하다
[rʌ́n]

□ ❾ **discover** 발견하다
[diskʌ́vər]

□ ❿ **fix** 수리 (고정) 하다
[fíks]

자주 사용되는 표현을 익히자!

❶ Can I join you? 저도 함께 해도 될까요?

❷ Don't throw it away. 그것을 버리지 마세요.

❹ Stop fighting. 싸움은 그만해라!

❼ We'll discuss it later. 그건 나중에 논의합시다.

❽ I have to run. 서둘러 가야 해요.

파생어 · 관련어

❶ jóint 접합 ❼ discússion 토론 ❾ discóvery 발견

24

NOTES : ❸ 행거 ❽ 러닝머신

영어로 말해보자!

1 싸움은 그만해라!   Stop _____.

2 태양이 빛난다.   The sun is _____.

3 그건 나중에 논의합시다.   We'll _____ it later.

4 그는 절대로 울지 않는다.   He never _____.

5 제가 코트를 걸어드릴게요.   Let me _____ up your coat.

6 그의 비밀을 발견했다.   I _____ his secret.

7 서둘러 가야 해요.   I have to _____.

8 나는 자전거를 수리했다.   I _____ my bike.

9 저도 당신들과 함께 해도 될까요?   Can I _____ you?

10 그것을 버리지 마세요.   Don't _____ it away.

---

1 fighting   2 shining   3 discuss   4 cries   5 hang
6 discovered   7 run   8 fixed   9 join   10 throw

Unit 9

단어를 보자!

- **❶ remember** [rimémbər] 기억하고 있다
- **❷ find** [fáind] 찾아내다
- **❸ smell** [smél] 냄새를 맡다
- **❹ taste** [téist] 맛(을 보다)
- **❺ bite** [báit] 물다
- **❻ kill** [kíl] 죽이다
- **❼ wake** [wéik] 잠이 깨다
- **❽ trust** [trʌ́st] 신뢰하다
- **❾ relax** [rilǽks] 편히 쉬다
- **❿ repeat** [ripíːt] 반복하다

자주 사용되는 표현을 익히자!

❶ Do you remember me?   저를 기억하고 계십니까?

❸ It smells good.   좋은 냄새가 난다.

❻ I have to kill some time.   얼마간의 시간을 때우지 않으면 안 된다.

❽ You can't trust him.   그를 신뢰할 수 없다.

❿ Would you repeat it, please?   한 번 더 말씀해 주시겠습니까?

파생어 · 관련어

❹ tásty 맛있는   ❾ relaxátion 편히 쉼   ❿ repetítion 반복

26

영어로 말해보자!

1	좋은 냄새가 난다.	It _____ good.
2	한 번 더 말씀해 주시겠습니까?	Would you _____ it, please?
3	일어나세요.	_____ up.
4	편히 쉬세요.	Please _____.
5	저를 기억하고 계십니까?	Do you _____ me?
6	그것은 물지 않을 거야.	It won't _____ you.
7	지독한 맛이군.	It _____ terrible.
8	얼마간의 시간을 때우지 않으면 안 된다.	I have to _____ some time.
9	어떻게 그것을 찾아냈니?	How did you _____ it?
10	그를 신뢰할 수 없다.	I can't _____ him.

1 smells	2 repeat	3 Wake	4 relax	5 remember
6 bite	7 tastes	8 kill	9 find	10 trust

Unit 10

단어를 보자!

□ ❶ **waste** 낭비하다·폐기물
  [wéist]

□ ❷ **promise** 약속(하다)
  [prámis]

□ ❸ **cost** 비용(이 들다)
  [kɔ́:st]

□ ❹ **order** 명령하다·순서
  [ɔ́:rdər]

□ ❺ **exchange** 교환(하다)
  [ikstʃéindʒ]

□ ❻ **follow** 뒤를
  [fálou] 따라가다(오다)

□ ❼ **belong** 속하다
  [bilɔ́:ŋ]

□ ❽ **spend** 쓰다
  [spénd]

□ ❾ **miss** 슬프게 생각하다·
  [mís] 놓치다

□ ❿ **add** 더하다
  [ǽd]

자주 사용되는 표현을 익히자!

❶ I wasted my time. 시간을 낭비했다.

❸ It costs 30,000 won. 삼만 원이 듭니다.

❻ Please follow me. 저를 따라오세요.

❾ I'll miss you. 당신이 없으면 보고 싶을 거예요.

❿ Add a little salt. 소금을 약간 더하세요.

파생어 · 관련어

❼ belóngings 소지품 ❿ addítion 추가

28

NOTES : ❸ 코스트 절감   ❹ 오더(주문)를 받다

영어로 말해보자!

1   당신이 없으면 보고 싶을 거예요.   I'll _____ you.

2   그는 돌아오겠다고 약속했다.   He _____ to come back.

3   시간을 낭비했다.   I _____ my time.

4   우리는 정보를 교환했다.   We _____ information.

5   삼만 원이 듭니다.   It _____ 30,000 won.

6   주문하시겠습니까?   Are you ready to _____?

7   소금을 약간 더하세요.   _____ a little salt.

8   주말은 어떻게 보내셨습니까?   How did you _____ your weekend?

9   제 뒤를 따라오세요.   Please _____ me.

10   나는 테니스 클럽에 소속되어 있습니다.   I _____ to a tennis club.

---

1 miss   2 promised   3 wasted   4 exchanged   5 costs
6 order   7 Add   8 spend   9 follow   10 belong

Unit 11

명사 1-1

단어를 보자!

□ ❶ **weather** 날씨
[wéðər]

□ ❷ **question** 질문
[kwéstʃən]

□ ❸ **examination** 시험
[igzæmənéiʃən]

□ ❹ **future** 미래
[fjúːtʃər]

□ ❺ **problem** 문제
[prábləm]

□ ❻ **person** 사람
[pə́ːrsn]

□ ❼ **traffic** 교통
[træfik]

□ ❽ **vegetable** 채소
[védʒ(ə)təbl]

□ ❾ **mistake** 잘못
[mistéik]

□ ❿ **hospital** 병원
[háspitl]

자주 사용되는 표현을 익히자!

❶ How's the weather? 날씨는 어떻습니까?

❷ Can I ask you a question? 질문 하나 해도 될까요?

❺ No problem. 문제없습니다.

❻ He's a nice person. 그는 좋은 사람입니다.

❾ I made a mistake. 제가 실수했습니다.

파생어 · 관련어

❸ exámine 조사하다 ❻ pérsonal 개인의 ❽ vegetárian 채식주의자

NOTES : ❾ 미스(miss)가 많다

영어로 말해보자!

1 그는 좋은 사람입니다.   He's a nice _____.

2 그녀는 입원 중입니다.   She's in the _____.

3 날씨는 어떻습니까?   How's the _____?

4 그녀는 채소밖에 먹지 않는다.   She eats only _____.

5 교통량이 많다.   There's a lot of _____.

6 지금 시험공부를 하고 있습니다.   I'm studying for the _____
                                            now.

7 제가 실수했습니다.   I made a _____.

8 문제없습니다.   No _____.

9 장래에 무엇이 되고 싶습니까?   What do you want to be
                                            in the _____?

10 질문을 하나 해도 될까요?   Can I ask you a _____ ?

1 person   2 hospital 3 weather 4 vegetables   5 traffic
6 examination 7 mistake 8 problem 9 future   10 question

Unit 12

단어를 보자!

□ ❶ **job** 일
[dʒáb]

□ ❷ **subject** 과목·주제·
종속의·복종시키다
명 형 [sʌ́bdʒikt] 동 [səbdʒékt]

□ ❸ **clothes** 옷
[klóuz]

□ ❹ **grade** 학년·계급
[gréid]

□ ❺ **idea** 생각
[aidíə]

□ ❻ **opinion** 의견
[əpínjən]

□ ❼ **block** 구획
[blák]

□ ❽ **fever** 열
[fí:vər]

□ ❾ **volunteer** 자원 봉사자
[vὰləntíər]

□ ❿ **trip** 여행
[tríp]

자주 사용되는 표현을 익히자!

❶ You did a good job. 잘했어.

❷ What subjects do you like? 무슨 과목을 좋아합니까?

❺ I have no idea. 전혀 모르겠어.

❽ I have a fever. 나는 열이 난다.

❾ I work as a volunteer. 나는 자원 봉사자로 일하고 있다.

파생어 · 관련어

❹ grádual 점진적인 ❾ vóluntary 자발적인

영어로 말해보자!

1   무슨 과목을 좋아합니까?   What _____ do you like?

2   나는 옷을 빨았다.   I washed my _____.

3   우리는 일본으로 여행을 갔습니다.   We made a _____ to Japan.

4   당신의 의견은 무엇입니까?   What's your _____?

5   나는 자원 봉사자로 일하고 있다.   I work as a _____.

6   잘했어.   You did a good _____.

7   세 블럭 정도 가세요.   Go three _____.

8   전혀 모르겠어.   I have no _____.

9   나는 열이 난다.   I have a _____.

10 내 딸은 초등학교 2학년입니다.   My daughter is in the
                                        second _____.

---

1 subjects   2 clothes   3 trip   4 opinion   5 volunteer
6 job   7 blocks   8 idea   9 fever   10 grade

Unit 13

단어를 보자!

□ ❶ **pleasure** 기쁨
[pléʒər]

□ ❷ **accident** 사고
[ǽksəd(ə)nt]

□ ❸ **miracle** 기적
[mírəkl]

□ ❹ **one-way** 편도
[wánwéi]

□ ❺ **farm** 농장
[fáːrm]

□ ❻ **sightseeing** 관광
[sáitsiːiŋ]

□ ❼ **pain** 아픔
[péin]

□ ❽ **astronaut** 우주비행사
[ǽstrənɔ̀ːt]

□ ❾ **wheelchair** 휠체어
[(h)wíːltʃer]

□ ❿ **information** 정보
[ìnfərméiʃən]

자주 사용되는 표현을 익히자!

❶ With pleasure.　　　　　　좋고말고요.

❷ I had an accident yesterday.　나는 어제 사고를 당했습니다.

❸ It's just a miracle.　　　　그것은 틀림없이 기적이다.

❼ I feel pain in my shoulder.　어깨에 통증이 있다.

❿ We need more information.　우리는 더 많은 정보가 필요하다.

파생어 · 관련어

❶ pléase 기쁘게 하다　❷ accidéntal 우연의　❹ róund-tríp 왕복
❼ páinful 아픈　❿ infórm 보고하다

34

영어로 말해보자!

1 나는 편도 표를 샀다.　　　　　I bought a ＿＿＿＿ ticket.

2 우리는 더 많은 정보가 필요하다.　We need more ＿＿＿＿.

3 그들은 농장에서 일하고 있다.　　They're working on a ＿＿＿.

4 나는 어제 사고를 당했습니다.　　I had an ＿＿＿ yesterday.

5 어깨에 통증이 있다.　　　　　　I feel ＿＿＿ in my shoulder.

6 우리는 관광버스를 탔다.　　　　We took a ＿＿＿＿ bus.

7 그는 휠체어를 타고 있다.　　　　He's in a ＿＿＿＿.

8 그녀는 우주비행사가 되고 싶어 한다.　She wants to be an ＿＿＿.

9 좋고말고요.　　　　　　　　　With ＿＿＿＿.

10 그것은 틀림없이 기적이다.　　　It's just a ＿＿＿.

---

1 one-way　2 information　3 farm　4 accident　5 pain
6 sightseeing　7 wheelchair　8 astronaut　9 pleasure　10 miracle

Unit 14

단어를 보자!

- [ ] ❶ **trouble** 난처함
  [trʌ́bl]

- [ ] ❷ **view** 경치·견해
  [vjú:]

- [ ] ❸ **experience** 경험
  [ikspí(ə)riəns]

- [ ] ❹ **experiment** 실험
  [ikspérəmənt]

- [ ] ❺ **nephew** 조카
  [néfju:]

- [ ] ❻ **wind** 바람
  [wínd]

- [ ] ❼ **poem** 시
  [póuəm]

- [ ] ❽ **language** 언어
  [læŋgwidʒ]

- [ ] ❾ **glasses** 안경
  [glǽsiz]

- [ ] ❿ **purpose** 목적
  [pə́:rpəs]

자주 사용되는 표현을 익히자!

❶ I'm in trouble. — 나는 곤경에 빠졌습니다.

❸ It was a good experience. — 그것은 좋은 경험이었습니다.

❻ We have strong winds today. — 오늘은 바람이 세게 붑니다.

❽ Can you speak a foreign language? — 외국어를 할 수 있습니까?

❿ What's the purpose of your visit? — 방문 목적은 무엇입니까?

파생어 · 관련어

❶ tróublesome 골치 아픈 ❺ níece 조카딸 ❻ wíndy 바람이 센
❼ póet 시인 ❾ gláss 유리

NOTES : ❷ 오션 뷰(ocean view) ❻ 윈드서핑(windsurfing)

중학교 과정

영어로 말해보자!

1 그것은 좋은 경험이었습니다.　　　It was a good _____.

2 오늘은 바람이 셉니다.　　　We have strong _____ today.

3 나는 시를 쓰는 것을 좋아합니다.　　　I like to write _____.

4 그들은 동물실험을 했습니다.　　　They did an _____ on animals.

5 그는 평소에 안경을 낍니다.　　　He usually wears _____.

6 외국어를 할 수 있습니까?　　　Can you speak a foreign _____?

7 우리는 바다의 경치를 즐겼다.　　　We enjoyed the _____ of the sea.

8 방문 목적은 무엇입니까?　　　What's the _____ of your visit?

9 나에게는 조카가 두 명 있습니다.　　　I have two _____.

10 나는 곤경에 빠졌습니다.　　　I'm in _____.

---

1 experience　2 winds　3 poems　4 experiment　5 glasses
6 language　7 view　8 purpose　9 nephews　10 trouble

Unit 15

단어를 보자 !

□ ❶ **kind** 종류·친절한
[káind]

□ ❷ **matter** 문제(가 되다)
[mǽtər]

□ ❸ **church** 교회
[tʃɔ́:rtʃ]

□ ❹ **neighbor** 이웃 사람
[néibər]

□ ❺ **gesture** 몸짓
[dʒéstʃər]

□ ❻ **continent** 대륙
[kánt(ə)nənt]

□ ❼ **date** 날짜
[déit]

□ ❽ **flight** 비행
[fláit]

□ ❾ **planet** 혹성
[plǽnit]

□ ❿ **education** 교육
[èdʒukéiʃən]

자주 사용되는 표현을 익히자!

❶ It's a kind of art. 그것은 일종의 예술입니다.

❷ What's the matter with you? 무슨 일입니까?

❹ She's my neighbor. 그녀는 이웃 사람입니다.

❼ What's the date today? 오늘이 며칠입니까?

❽ Have a nice flight. 좋은 여행 되십시오.

파생어 · 관련어

❹ néighborhood 근처　❻ continéntal 대륙의　❽ flý 날다
❿ éducate 교육하다

38

NOTES : ❺ 제스처를 사용하다

중학교과정

영어로 말해보자!

1	그녀는 이웃 사람입니다.	She's my _____.
2	그는 화난 몸짓을 했다.	He made an angry _____.
3	일요일은 교회에 간다.	I go to _____ on Sundays.
4	그것은 일종의 예술입니다.	It's a _____ of art.
5	그녀는 대학 교육을 받고 있다.	She has a college _____.
6	오늘이 며칠입니까?	What's the _____ today?
7	무슨 일입니까?	What's the _____ with you?
8	그는 대륙을 횡단했다.	He traveled across the _____.
9	좋은 여행 되십시오.	Have a nice _____.
10	지구는 혹성 중의 하나이다.	The earth is one of the _____.

1 neighbor	2 gesture	3 church	4 kind	5 education
6 date	7 matter	8 continent	9 flight	10 planets

Unit 16

단어를 보자!

□ ❶ **example** 예
　[igzǽmpl]

□ ❷ **place** 장소·놓다
　[pléis]

□ ❸ **meal** 식사
　[míːl]

□ ❹ **instrument** 악기·기구
　[ínstrəmənt]

□ ❺ **moment** 순간
　[móumənt]

□ ❻ **bone** 뼈
　[bóun]

□ ❼ **fault** 잘못
　[fɔ́ːlt]

□ ❽ **century** 세기
　[séntʃəri]

□ ❾ **desert** 사막·버리다
　명 [dézəːrt] 동 [dizɔ́ːrt]

□ ❿ **tongue** 언어·혀
　[tʌ́ŋ]

자주 사용되는 표현을 익히자!

❶ Take TV, for example. 텔레비전을 예로 들어봅시다.

❷ I know a good place. 좋은 장소를 알고 있습니다.

❺ Just a moment, please. 잠깐 기다리세요.

❼ It's my fault. 제 잘못입니다.

❿ What's your mother tongue? 당신의 모국어는 무엇입니까?

파생어 · 관련어

❹ instruméntal 도움이 되는, 악기로 연주되는　❺ mómentary 순간의

40

NOTES : ⑥ 티본 스테이크

영어로 말해보자!

1 잠깐 기다리세요.   Just a _____ , please.

2 텔레비전을 예로 들어봅시다.   Take TV, for _____ .

3 사막이 점점 넓어지고 있다.   The _____ is getting bigger.

4 아무 악기도 연주할 수 없습니다.   I can't play any _____ .

5 당신의 모국어는 무엇입니까?   What's your mother _____ ?

6 그것은 8세기에 세워졌다.   It was built in the 8th _____ .

7 좋은 장소를 알고 있습니다.   I know a good _____ .

8 나는 하루에 세끼를 먹습니다.   I have three _____ a day.

9 그녀는 뼈를 부러뜨렸다.   She broke a _____ .

10 제 잘못입니다.   It's my _____ .

1 moment   2 example   3 desert   4 instruments   5 tongue
6 century   7 place   8 meals   9 bone   10 fault

Unit 17

단어를 보자!

☐ ❶ **insect** 곤충
[ínsekt]

☐ ❷ **mind** 마음 · 주의하다
[máind]

☐ ❸ **talent** 재능
[tǽlənt]

☐ ❹ **form** 형태(로 만들다) · 서식
[fɔ́:rm]

☐ ❺ **war** 전쟁
[wɔ́:r]

☐ ❻ **peace** 평화
[pí:s]

☐ ❼ **map** 지도
[mǽp]

☐ ❽ **fact** 사실
[fǽkt]

☐ ❾ **electricity** 전기
[ilektrísəti]

☐ ❿ **company** 회사 · 동료
[kámpəni]

자주 사용되는 표현을 익히자!

❷ Keep it in mind. 그것을 명심하세요.

❹ It has a strange form. 그것은 기묘한 형태를 하고 있습니다.

❼ I'll draw you a map. 당신에게 지도를 그려 주겠습니다.

❽ I didn't know that fact. 나는 그 사실을 몰랐습니다.

❿ I work for a company. 나는 회사에 근무합니다.

파생어 · 관련어

❹ fórmal 격식을 차린 ❻ péaceful 평화로운 ❾ eléctric 전기의

영어로 말해보자!

1	사람들은 평화롭게 살고 있습니다.	People live in _____.
2	나는 회사에 근무합니다.	I work for a _____.
3	그것을 명심하세요.	Keep it in _____.
4	전쟁은 1945년에 끝났습니다.	The _____ ended in 1945.
5	나에게는 선수로서의 재능이 없었습니다.	I had no _____ as a player.
6	6시간 동안 정전이었습니다.	We had no _____ for 6 hours.
7	나는 그 사실을 몰랐습니다.	I didn't know that _____.
8	당신에게 지도를 그려 주겠습니다.	I'll draw you a _____.
9	그것은 기묘한 형태를 하고 있습니다.	It has a strange _____.
10	나는 곤충을 싫어합니다.	I don't like _____.

1 peace	2 company	3 mind	4 war	5 talent
6 electricity	7 fact	8 map	9 form	10 insects

Unit 18

단어를 보자!

□ ❶ **thing** 사물·일
[θíŋ]

□ ❷ **million** 백만
[míljən]

□ ❸ **uniform** 제복·일률적인
[júːnəfɔ̀ːrm]

□ ❹ **noise** 소음
[nɔ́iz]

□ ❺ **factory** 공장
[fǽkt(ə)ri]

□ ❻ **earthquake** 지진
[ə́ːrθkweik]

□ ❼ **medicine** 약·의학
[médəsin]

□ ❽ **stairs** 계단
[stéəz]

□ ❾ **touch** 접촉(하다)
[tʌ́tʃ]

□ ❿ **temple** 사원
[témpl]

자주 사용되는 표현을 익히자!

❶ Things **are different today.** 오늘날은 사정이 다르다.

❹ **Don't make any** noise. 시끄럽게 하지 마라.

❻ **There was a big** earthquake. 큰 지진이 있었다.

❼ **Take this** medicine. 이 약을 먹어라.

❾ **Keep in** touch. 연락해요.

파생어 · 관련어

❷ bíllion 십억   ❹ nóisy 시끄러운   ❼ médical 의학의
❽ upstáirs 2층에서

44

NOTES : ❸ 유니폼 ❼ 메디컬 체크

영어로 말해보자!

1 연락해요.   Keep in _____.

2 나는 계단을 올랐다.   I climbed up the _____.

3 수백만 명의 사람들이 그 시합을   _____ of people watched
   봤다.   the game.

4 우리는 제복을 입는다.   We wear _____.

5 그는 공장 노동자입니다.   He's a _____ worker.

6 오늘날은 사정이 다르다.   _____ are different today.

7 나는 오래된 사원을 방문했다.   I visited an old _____.

8 시끄럽게 하지 마라.   Don't make any _____.

9 큰 지진이 있었다.   There was a big _____.

10 이 약을 먹어라.   Take this _____.

---

1 touch   2 stairs   3 Millions   4 uniforms   5 factory
6 Things   7 temple   8 noise   9 earthquake 10 medicine

Unit 19

단어를 보자!

☐ ❶ **prize** 상
[práiz]

☐ ❷ **law** 법
[lɔ́:]

☐ ❸ **temperature** 온도
[témp(ə)rətʃər]

☐ ❹ **vase** 꽃병
[véis]

☐ ❺ **festival** 축제
[féstəvəl]

☐ ❻ **object** 물체 · 반대하다
몡 [ábdʒikt] 동 [əbdʒékt]

☐ ❼ **quantity** 양
[kwántəti]

☐ ❽ **quality** 질
[kwáləti]

☐ ❾ **address** 주소 ·
[ədrés] 연설하다

☐ ❿ **courage** 용기
[kə́:ridʒ]

자주 사용되는 표현을 익히자!

❶ She won the first prize. 그녀가 1등 상을 탔다.

❸ Take your temperature. 체온을 재라.

❻ What is that object? 그 물건은 무엇입니까?

❽ The quality is really high. 질이 굉장히 좋다.

❾ This is my address. 제 주소입니다.

파생어 · 관련어

❿ courágeous 용기 있는

46

영어로 말해보자!

1 나는 용기가 없었다.

I had no _____.

2 그 물건은 무엇입니까?

What is that _____?

3 제 주소입니다.

This is my _____.

4 질이 굉장히 좋다.

The _____ is really high.

5 그들은 법을 어겼다.

They broke the _____.

6 매년 여름에 축제가 있다.

We have a _____ every summer.

7 체온을 재라.

Take your _____.

8 그 꽃병은 한국에서 만들어졌다.

This _____ was made in Korea.

9 양이 충분하지 않았다.

The _____ was not enough.

10 그녀가 1등 상을 탔다.

She won first _____.

---

1 courage   2 object   3 address   4 quality   5 law
6 festival   7 temperature   8 vase   9 quantity   10 prize

Unit 20

단어를 보자!

□ ❶ **crowd** 많은 사람들·군중
[kráud]

□ ❷ **custom** 관습
[kʌ́stəm]

□ ❸ **college** 대학
[kálidʒ]

□ ❹ **habit** 버릇
[hǽbit]

□ ❺ **tool** 도구
[túːl]

□ ❻ **culture** 문화
[kʌ́ltʃər]

□ ❼ **nature** 자연·성질
[néitʃər]

□ ❽ **society** 사회
[səsáiəti]

□ ❾ **fire** 불·해고하다
[fáiər]

□ ❿ **fortune** 운·재산
[fɔ́ːrtʃən]

자주 사용되는 표현을 익히자!

❸ I'm going on to college. 나는 대학에 진학합니다.

❹ She has a bad habit. 그녀는 나쁜 버릇을 갖고 있다.

❺ This is a useful tool. 이것은 유용한 도구다.

❻ I'm interested in foreign 외국 문화에 관심이 있습니다.
cultures.

❿ Do you believe in fortune 당신은 운을 믿습니까?
telling?

파생어 · 관련어

❶ crówded 혼잡한 ❸ univérsity (종합) 대학 ❽ sócial 사회의
❿ fórtunate 행운의

48

NOTES : ❻ 컬처 쇼크(culture shock : 문화 충격)　❽ 사교 댄스(social dance)

영어로 말해보자!

1　그는 원래 말이 없다.　　　　　　　　He is quiet by _____.

2　당신은 운을 믿습니까?　　　　　　　Do you believe in _____ telling?

3　많은 사람들이 있었다.　　　　　　　There was a large _____.

4　외국 문화에 관심이 있습니다.　　　　I'm interested in foreign _____.

5　나는 대학에 진학합니다.　　　　　　I'm going on to _____.

6　관습은 나라에 따라 다르다.　　　　　_____ differ from country to country.

7　그녀는 나쁜 버릇을 갖고 있다.　　　She has a bad _____.

8　어젯밤에 화재가 있었다.　　　　　　There was a _____ last night.

9　이것은 유용한 도구다.　　　　　　　This is a useful _____.

10　그들은 작은 사회에 살고 있다.　　　They're living in a small _____.

1 nature	2 fortune	3 crowd	4 cultures	5 college
6 Customs	7 habit	8 fire	9 tool	10 society

49

Unit 21

단어를 보자!

□ ❶ **right** 옳은·권리
[ráit]

□ ❷ **wrong** 옳지 못한
[rɔ́:ŋ]

□ ❸ **glad** 기쁜
[glǽd]

□ ❹ **thirsty** 목마른
[θɔ́:rsti]

□ ❺ **hungry** 배고픈
[hʌ́ŋgri]

□ ❻ **full** 가득 찬
[fúl]

□ ❼ **shy** 부끄럼타는
[ʃái]

□ ❽ **sad** 슬픈
[sǽd]

□ ❾ **fine** 좋은·벌금
[fáin]

□ ❿ **angry** 성난
[ǽŋgri]

자주 사용되는 표현을 익히자!

❶ That's right. 맞습니다.

❷ What's wrong? 무슨 잘못된 일이라도 있습니까?

❸ I'm glad to see you. 만나 뵙게 되어 기쁩니다.

❻ I'm full. 배가 부릅니다.

❾ That's fine with me. 나는 그것으로 좋습니다.

파생어 · 관련어

❺ húnger 굶주림   ❽ sádness 슬픔   ❿ ánger 노여움

영어로 말해보자!

1 무슨 잘못된 일이라도 있습니까?   What's _____?

2 그녀는 조금 부끄럼을 탑니다.   She's a little _____.

3 그것은 슬픈 이야기였다.   It was a _____ story.

4 배고프지 않니?   Aren't you _____?

5 나는 그것으로 좋습니다.   That's _____ with me.

6 그녀는 나에게 화가 났었습니다.   She was _____ with me.

7 만나 뵙게 되어 기쁩니다.   I'm _____ to see you.

8 맞습니다.   That's _____.

9 배가 부릅니다.   I'm _____.

10 목이 몹시 마르다.   I'm very _____.

1 wrong	2 shy	3 sad	4 hungry	5 fine
6 angry	7 glad	8 right	9 full	10 thirsty

Unit 22

단어를 보자!

☐ ❶ **free**
[frí:]
자유로운·
한가한

☐ ❷ **busy**
[bízi]
바쁜

☐ ❸ **sure**
[ʃúər]
확실한

☐ ❹ **welcome**
[wélkəm]
환영받는

☐ ❺ **late**
[léit]
늦은

☐ ❻ **early**
[ə́:rli]
빠른

☐ ❼ **quiet**
[kwáiət]
조용한

☐ ❽ **alone**
[əlóun]
혼자의

☐ ❾ **tired**
[táiərd]
피곤한

☐ ❿ **funny**
[fʌ́ni]
재미있는·우스운

자주 사용되는 표현을 익히자!

❸ Are you sure?
확실합니까?

❹ You are welcome.
천만에요.

❺ Sorry to be late.
늦어서 죄송합니다.

❽ Leave me alone.
날 내버려 둬.

❿ He's funny.
그는 재미있다.

파생어 · 관련어

❶ fréedom 자유 ❺ látely 최근 ❼ qúietness 조용함
❾ tíredness 피곤함

52

NOTES : ❶ 프리랜서 (freelance)   ❷ 비즈니스 (business)

영어로 말해보자!

1 늦어서 죄송합니다.   Sorry to be _____.

2 오늘은 매우 빠르군요.   You're so _____ today.

3 나는 걸어다닌 탓에 피곤해졌다.   I'm _____ from walking.

4 조용히 해 주세요.   Be _____, please.

5 날 내버려 둬.   Leave me _____.

6 천만에요.   You're _____.

7 나는 내 일로 바쁘다.   I'm _____ with my work.

8 내일은 한가하십니까?   Are you _____ tomorrow?

9 그는 재미있다.   He's _____.

10 확실합니까?   Are you _____?

1 late	2 early	3 tired	4 quiet	5 alone
6 welcome	7 busy	8 free	9 funny	10 sure

Unit 23

단어를 보자!

□ ❶ **popular** 인기 있는
[pápjulər]

□ ❷ **bad** 나쁜
[bǽd]

□ ❸ **rich** 부유한
[rítʃ]

□ ❹ **poor** 가난한
[púər]

□ ❺ **absent** 결석한
[ǽbs(ə)nt]

□ ❻ **present** 출석한·현재의·선물·증정하다
명 형 [préznt] 동 [prizént]

□ ❼ **strong** 강한·진한
[strɔ́ːŋ]

□ ❽ **weak** 약한·묽은
[wíːk]

□ ❾ **smart** 현명한
[smáːrt]

□ ❿ **honest** 솔직한
[ánist]

자주 사용되는 표현을 익히자!

❶ He is popular with girls. 그는 젊은 여성들에게 인기가 많다.

❷ That's too bad. 그것 참 안됐군요.

❼ I like strong coffee. 나는 진한 커피를 좋아한다.

❽ I'm weak at grammar. 나는 문법에 약하다.

❿ I'll be honest. 솔직하게 말하겠습니다.

파생어 · 관련어

❶ populárity 인기 ❹ póverty 가난 ❺ ábsence 부재 ❻ présence 존재함
❼ stréngth 힘 ❿ hónesty 정직

54

NOTES : ❶ 팝송 (popular song)

영어로 말해보자!

1 그는 학교를 결석했다.   He's _____ from school.

2 나는 문법에 약하다.   I'm _____ at grammar.

3 솔직하게 말하겠습니다.   I'll be _____.

4 그것 참 안됐군요.   That's too _____.

5 그는 머리가 좋은 소년입니다.   He's a _____ boy.

6 그녀의 가정은 매우 부유합니다.   Her family is very _____.

7 나는 진한 커피를 좋아한다.   I like _____ coffee.

8 그는 젊은 여성들에게 인기가 많다.   He is _____ with girls.

9 우리는 가난하지만 행복합니다.   We're _____, but we're happy.

10 모두 회의에 출석했습니다.   Everyone was _____ at the meeting.

---

1 absent   2 weak   3 honest   4 bad   5 smart
6 rich   7 strong   8 popular   9 poor   10 present

Unit 24

단어를 보자 !

☐ ❶ **easy** 쉬운
[íːzi]

☐ ❷ **difficult** 어려운
[dífikʌ̀lt]

☐ ❸ **same** 같은
[séim]

☐ ❹ **different** 다른
[díf(ə)rənt]

☐ ❺ **expensive** 값비싼
[ikspénsiv]

☐ ❻ **cheap** 싼
[tʃíːp]

☐ ❼ **beautiful** 아름다운
[bjúːtəfəl]

☐ ❽ **ugly** 추악한·못생긴
[ʌ́gli]

☐ ❾ **wonderful** 훌륭한
[wʌ́ndərfəl]

☐ ❿ **nervous** 긴장한
[nə́ːrvəs]

자주 사용되는 표현을 익히자!

❶ It's easy to say. 말은 쉽다.

❸ I have the same one. 나는 같은 것을 가지고 있다.

❻ This is so cheap. 이것은 매우 싸다.

❼ What a beautiful day! 얼마나 좋은 날씨인지!

❿ I'm getting nervous. 긴장되기 시작했다.

파생어 · 관련어

❶ éase 편안 ❷ dífficulty 어려움 ❹ dífference 차이 ❺ expénse 비용
❼ béauty 아름다움 ❿ nérve 신경

영어로 말해보자!

1 그것들은 사이즈가 다릅니다.　　　They're _____ in size.

2 이것은 매우 싸다.　　　This is so _____.

3 말은 쉽다.　　　It's _____ to say.

4 그것은 훌륭한 생각입니다.　　　That's a _____ idea.

5 얼마나 좋은 날씨인지!　　　What a _____ day!

6 긴장되기 시작했다.　　　I'm getting _____.

7 그것은 나에게는 너무 어렵다.　　　It's too _____ for me.

8 그것은 추악한 일이다.　　　It's an _____ thing.

9 그 시계는 매우 비싸 보인다.　　　The watch looks very _____.

10 나는 같은 것을 가지고 있다.　　　I have the _____ one.

---

1 different　2 cheap　3 easy　4 wonderful　5 beautiful
6 nervous　7 difficult　8 ugly　9 expensive　10 same

Unit 25

단어를 보자!

□ ❶ **interesting** 흥미로운
[ínt(ə)rəstiŋ]

□ ❷ **interested** 흥미를 가진
[ínt(ə)rəstid]

□ ❸ **exciting** 흥분시키는·
[iksáitiŋ] 재미있는

□ ❹ **excited** 흥분한
[iksáitid]

□ ❺ **true** 진실의
[trú:]

□ ❻ **useful** 쓸모 있는
[jú:sfəl]

□ ❼ **favorite** 아주 좋아하는
[féiv(ə)rit]

□ ❽ **clear** 명료한
[klíər]

□ ❾ **sick** 병든
[sík]

□ ❿ **healthy** 건강한
[hélθi]

자주 사용되는 표현을 익히자!

❹ I'm so excited. 나는 매우 흥분해 있습니다.

❺ It can't be true. 사실일 리가 없다.

❼ What's your favorite food? 좋아하는 음식이 무엇입니까?

❽ Is that clear? 알아들었습니까?

❾ I got sick. 나는 병이 들었다.

파생어 · 관련어

❶ ínterest 관심·이익 ❸ excítement 흥분 ❺ trúth 진실
❿ héalth 건강

NOTES : ⑩ 헬스클럽

영어로 말해보자!

1 나는 일본 역사에 흥미가 있습니다.   I'm _____ in Japanese history.

2 사실일 리가 없다.   It can't be _____.

3 나는 병이 들었다.   I got _____.

4 그것은 흥미진진한 시합이었다.   It was an _____ game.

5 한식은 건강에 좋습니다.   Korean food is _____.

6 그것은 흥미로운 이야기였다.   It was an _____ story.

7 좋아하는 음식이 무엇입니까?   What's your _____ food?

8 알아들었습니까?   Is that _____?

9 그 지도는 쓸모 있을 것입니다.   The map will be _____.

10 나는 매우 흥분해 있습니다.   I'm so _____.

---

1 interested   2 true   3 sick   4 exciting   5 healthy
6 interesting   7 favorite   8 clear   9 useful   10 excited

Unit 26

단어를 보자!

☐ ❶ **ready** 준비된
[rédi]

☐ ❷ **lonely** 외로운
[lóunli]

☐ ❸ **alive** 살아 있는
[əláiv]

☐ ❹ **dead** 죽어 있는
[déd]

☐ ❺ **thin** 마른·얇은
[θín]

☐ ❻ **thick** 두꺼운
[θík]

☐ ❼ **afraid** 무서워하여
[əfréid]

☐ ❽ **correct** 올바른
[kərékt]

☐ ❾ **friendly** 우호적인
[fréndli]

☐ ❿ **fond** 좋아하여
[fánd]

자주 사용되는 표현을 익히자!

❶ Dinner is ready. 저녁 식사가 준비되었습니다.

❷ I feel lonely. 외로워.

❼ I'm afraid of dogs. 개를 무서워합니다.

❽ That's correct. 맞습니다.

❿ I'm fond of reading. 독서를 좋아합니다.

파생어 · 관련어

❷ lóneliness 고독 ❹ díe 죽다 death 죽음 ❻ thíckness 두께
❽ corréctness 정확함

중학교과정

영어로 말해보자!

1 외로워.   I feel _____ .

2 독서를 좋아합니다.   I'm _____ of reading.

3 그 새는 이미 죽어 있었다.   The bird was already _____ .

4 맞습니다.   That's _____ .

5 그는 말랐습니다.   He's _____ .

6 저녁 식사가 준비되었습니다.   Dinner is _____ .

7 개를 무서워합니다.   I'm _____ of dogs.

8 그녀는 살아 있었다.   She was _____ .

9 그는 우호적인 사람이다.   He's a _____ person.

10 이 스테이크는 두툼하다.   This steak is _____ .

| 1 lonely | 2 fond | 3 dead | 4 correct | 5 thin |
| 6 ready | 7 afraid | 8 alive | 9 friendly | 10 thick |

Unit 27

단어를 보자!

- □ ❶ **famous** 유명한
  [féiməs]

- □ ❷ **asleep** 잠든
  [əslíːp]

- □ ❸ **national** 국가의(국민의)
  [nǽʃənl]

- □ ❹ **wild** 야생의
  [wáild]

- □ ❺ **proud** 자랑으로 여기는
  [práud]

- □ ❻ **huge** 거대한
  [hjúːdʒ]

- □ ❼ **empty** 빈
  [ém(p)ti]

- □ ❽ **born** 태어난
  [bɔ́ːrn]

- □ ❾ **bright** 밝은·영리한
  [bráit]

- □ ❿ **dark** 어두운
  [dáːrk]

자주 사용되는 표현을 익히자!

❶ She's a famous writer. — 그녀는 유명한 작가입니다.

❸ Today is a national holiday. — 오늘은 국경일입니다.

❺ I'm proud of you. — 당신이 자랑스럽습니다.

❽ I was born in Suwon. — 나는 수원에서 태어났습니다.

❾ You have a bright future. — 당신에게는 밝은 미래가 있다.

파생어 · 관련어

❶ fáme 명성 ❸ nátion 국가·국민 ❺ príde 자랑
❽ béar 낳다 bírth 탄생 ❾ bríghtness 밝음 ❿ dárkness 어둠

영어로 말해보자!

1 그 아기는 자고 있다. The baby is _____.

2 당신에게는 밝은 미래가 있다. You have a _____ future.

3 그녀는 유명한 작가입니다. She's a _____ writer.

4 그 비행기는 거대하다. The plane is _____.

5 당신이 자랑스럽습니다. I'm _____ of you.

6 그 병은 비어 있었다. The bottle was _____.

7 나는 수원에서 태어났습니다. I was _____ in Suwon.

8 우리는 많은 야생동물을 봤다. We saw many _____ animals.

9 오늘은 국경일입니다. Today is a _____ holiday.

10 밖은 어둡다. It's _____ outside.

1 asleep	2 bright	3 famous	4 huge	5 proud
6 empty	7 born	8 wild	9 national	10 dark

63

Unit 28

단어를 보자 !

□ ❶ **several** 몇몇의
[sév(ə)rəl]

□ ❷ **enough** 충분한
[ináf]

□ ❸ **dirty** 더러운·비열한
[dɔ́:rti]

□ ❹ **native** 태어난 땅의
[néitiv]

□ ❺ **own** 자기 자신의·
[óun] 자기 소유의

□ ❻ **brave** 용감한
[bréiv]

□ ❼ **nearsighted** 근시의
[níərsáitid]

□ ❽ **hard** 어려운·단단한·
[há:rd] 열심히 하는

□ ❾ **perfect** 완전한
[pɔ́:rfikt]

□ ❿ **stupid** 어리석은
[st(j)ú:pid]

자주 사용되는 표현을 익히자!

❷ That's enough. 이제 됐어.

❺ I have my own car. 내 차를 가지고 있다.

❼ I'm nearsighted. 나는 근시입니다.

❽ It's hard to say. 말하기 어렵습니다.

❿ Don't be stupid. 어리석게 굴지 마라.

파생어 · 관련어

❼ fársighted 원시의 ❿ stupídity 어리석음

영어로 말해보자!

1 나는 근시입니다.   I'm _____.

2 말하기 어렵습니다.   It's _____ to say.

3 여기가 내가 태어난 나라이다.   This is my _____ country.

4 완벽한 답이야.   It's a _____ answer.

5 몇 가지 실수를 발견했다.   I found _____ errors.

6 이제 됐어.   That's _____.

7 어리석게 굴지 마라.   Don't be _____.

8 그는 비열한 속임수를 사용했다.   He used a _____ trick.

9 내 차를 가지고 있다.   I have my ____ car.

10 그는 용감한 남자다.   He is a _____ man.

---

1 nearsighted　2 hard　3 native　4 perfect　5 several
6 enough　7 stupid　8 dirty　9 own　10 brave

Unit 29

단어를 보자!

- [ ] **❶ possible** 가능한
  [pásəbl]

- [ ] **❷ impossible** 불가능한
  [impásəbl]

- [ ] **❸ real** 진짜의
  [rí:əl]

- [ ] **❹ clever** 영리한
  [klévər]

- [ ] **❺ foolish** 어리석은
  [fú:liʃ]

- [ ] **❻ strange** 기묘한
  [stréindʒ]

- [ ] **❼ deep** 깊은
  [dí:p]

- [ ] **❽ simple** 단순한
  [símpl]

- [ ] **❾ wide** 폭이 넓은
  [wáid]

- [ ] **❿ narrow** 폭이 좁은
  [nǽrou]

자주 사용되는 표현을 익히자!

❶ Is it possible to say no?　　　'아니오'라고 말할 수 있습니까?

❷ That's impossible.　　　그것은 불가능합니다.

❸ Is this the real thing?　　　이게 진짜입니까?

❽ It's not so simple.　　　그렇게 단순하지 않습니다.

❾ There is a wide gap.　　　큰 격차가 있다.

파생어 · 관련어

❶ possibílity 가능성　❸ reálity 현실　❼ dépth 깊이　❾ wídth 폭

66

NOTES : ❽ 심플한 디자인   ❾ 와이드 화면

영어로 말해보자!

1 그것은 불가능하다.　　　　　　　That's _____ .

2 우리는 좁은 다리를 건넜다.　　　　We crossed a _____ bridge.

3 그렇게 단순하지 않습니다.　　　　It's not so _____ .

4 그녀는 조금 이상하다.　　　　　　She's a little _____ .

5 큰 격차가 있다.　　　　　　　　　There is a _____ gap.

6 이게 진짜입니까?　　　　　　　　　Is this the _____ thing?

7 그것은 어리석은 이야기이다.　　　That's _____ talk.

8 우리 개는 정말 영리하다.　　　　　Our dog is really _____ .

9 '아니오'라고 말할 수 있습니까?　　Is it _____ to say no?

10 이 호수는 깊고 맑다.　　　　　　　This lake is _____ and clear.

---

1 impossible　2 narrow　3 simple　4 strange　5 wide
6 real　　　7 foolish　8 clever　9 possible　10 deep

67

Unit 30

형용사 1-10

단어를 보자 !

□ ❶ **able** 할 수 있는·
　　[éibl]　유능한

□ ❷ **main** 주요한
　　[méin]

□ ❸ **rude** 버릇없는
　　[rúːd]

□ ❹ **polite** 예의 바른
　　[pəláit]

□ ❺ **comfortable** 쾌적한
　　[kΛ́mftəbl]

□ ❻ **careful** 주의 깊은
　　[kéərfəl]

□ ❼ **ill** 병든·나쁜
　　[íl]

□ ❽ **necessary** 필요한
　　[nésəsèri]

□ ❾ **delicious** 맛있는
　　[dilíʃəs]

□ ❿ **wise** 영리한
　　[wáiz]

자주 사용되는 표현을 익히자!

❶ I was able to see him. 그를 만날 수 있었다.

❹ She's very polite. 그녀는 매우 예의바르다.

❺ Make yourself comfortable. 마음 편히 지내세요.

❻ You should be more careful. 더욱 주의해야 한다.

❾ The food was delicious. 음식이 맛있었다.

파생어 · 관련어

❶ abílity 능력　❺ cómfort 쾌적함·위로하다　❻ cáreless 부주의한
❼ íllness 병　❽ necéssity 필요성　❿ wísdom 지혜

영어로 말해보자!

1 그녀는 매우 예의바르다.   She's very _____.

2 현명한 선택을 하셨습니다.   You made a _____ choice.

3 그것은 필요 없습니다.   It's not _____.

4 그를 만날 수 있었다.   I was _____ to see him.

5 그의 병세는 위독했다.   He's seriously ____.

6 음식이 맛있었다.   The food was _____.

7 주역은 누구입니까?   Who's the _____ character?

8 무례하지 않도록 해라.   Don't be _____.

9 더욱 주의해야 한다.   You should be more _____.

10 마음 편히 지내세요.   Make yourself _____.

---

1 polite   2 wise   3 necessary   4 able   5 ill
6 delicious   7 main   8 rude   9 careful 10 comfortable

Unit 31

단어를 보자!

☐ ❶ **maybe** 아마
[méibi]

☐ ❷ **abroad** 해외에
[əbrɔ́:d]

☐ ❸ **rather** 오히려·좀
[ræðər]

☐ ❹ **else** 그 밖에
[éls]

☐ ❺ **even** ~조차도·똑같게
[í:vən]

☐ ❻ **especially** 특히
[ispéʃəli]

☐ ❼ **anyway** 어쨌든
[éniwèi]

☐ ❽ **almost** 거의
[ɔ́:lmoust]

☐ ❾ **still** 아직도·
[stíl] 정지해 있는

☐ ❿ **ahead** 앞쪽에
[əhéd]

자주 사용되는 표현을 익히자!

❶ Maybe you are right. 아마 그럴 겁니다.

❹ Do you need anything else? 그 밖에 다른 것이 필요하십니까?

❼ I'll call you anyway. 어쨌든 전화하겠습니다.

❽ It's almost done. 거의 끝나갑니다.

❿ Go ahead. 먼저 하십시오.

파생어 · 관련어

❻ spécial 특별한

70

영어로 말해보자!

1 그 밖에 다른 것이 필요하십니까?   Do you need anything _____ ?

2 그것은 아이조차도 할 수 있다.   _____ a child can do it.

3 유학을 가고 싶다.   I want to study _____ .

4 스포츠를 좋아하는데, 특히   I like sports, _____ skiing.
   스키를 좋아합니다.

5 아마 그럴 겁니다.   _____ you are right.

6 거의 끝나갑니다.   It's _____ done.

7 그는 아직 일본에 있다.   He's _____ in Japan.

8 그것은 오히려 간단합니다.   It's _____ easy.

9 먼저 하십시오.   Go _____ .

10 어쨌든 전화하겠습니다.   I'll call you _____ .

---

1 else   2 Even   3 abroad   4 especially   5 Maybe
6 almost   7 still   8 rather   9 ahead   10 anyway

Unit 32

단어를 보자!

- **❶ as** ~로서·~일 때
  [əz]

- **❷ till** ~까지
  [tíl]

- **❸ along** ~을 따라서
  [əlɔ́ːŋ]

- **❹ except** ~이외에는·
  [iksépt] ~을 제외하고는

- **❺ behind** ~의 뒤에
  [biháind]

- **❻ below** ~보다 아래에
  [bilóu]

- **❼ against** ~에 반대하여
  [əgénst]

- **❽ beside** ~옆에
  [bisáid]

- **❾ within** ~의 안에
  [wiðín]

- **❿ without** ~없이
  [wiðáut]

자주 사용되는 표현을 익히자!

❷ I worked till ten last night. 어젯밤에 10시까지 일했다.

❸ Go along this street. 이 길을 따라서 가세요.

❹ I like every subject except math. 수학을 제외하고는 모든 과목을 좋아합니다.

❼ We're against the idea. 우리는 그 생각에 반대합니다.

❾ I'll be back within an hour. 1시간 이내에 돌아오겠습니다.

파생어 · 관련어

❷ until ~까지 ❻ above ~보다 위에 ❾ beyond ~을 넘어서

영어로 말해보자!

1 우리는 그 생각에 반대합니다. We are _____ the idea.

2 어젯밤에 10시까지 일했다. I worked _____ ten last night.

3 그는 문 뒤에 서 있었다. He was standing _____ the door.

4 그녀는 수필가로도 유명합니다. She's also famous ____ an essayist.

5 그것은 평균 이하였습니다. It was _____ average.

6 이 길을 따라서 가세요. Go _____ this street.

7 수학을 제외하고는 모든 과목을 좋아합니다. I like every subject _____ math.

8 나는 그의 옆에 앉아있었디. I was sitting _____ him.

9 그녀는 아무 말 없이 떠났다. She left _____ saying a word.

10 1시간 이내에 돌아오겠습니다. I'll be back _____ an hour.

---

1 against 2 till 3 behind 4 as 5 below
6 along 7 except 8 beside 9 without 10 within

Group 1은 고등학교 어휘력을 공부하기 위한 도움닫기였다고 할 수 있습니다. 열심히 공부하셨나요?

아직 확실하게 마스터하지 못한 부분이 있더라도 괜찮습니다. 지금부터 계속해서 준비하면 내 것이 됩니다. 아울러 영문이 익숙해지면 영문을 보지 않고도 정확하게 말할 수 있는지 시험해 보십시오. 이렇게 하면 공부한 내용을 확실하게 내 것으로 만들 수 있습니다.

이제는 동사의 불규칙 변화표를 가볍게 훑어봅시다.

Group 1의 불규칙 동사

현재	과거	과거분사			
do	did	done	forget	forgot	forgot(ten)
grow	grew	grown	say	said	said
lose	lost	lost	send	sent	sent
shake	shook	shaken	become	became	become
get	got	got(ten)	hear	heard	heard
pay	paid	paid	choose	chose	chosen
win	won	won	understand	understood	understood
think	thought	thought	mean	meant	meant
begin	began	begun	meet	met	met
keep	kept	kept	lend	lent	lent
quit	quit	quit	hit	hit	hit
hide	hid	hid(den)	wear	wore	worn
fly	flew	flown	show	showed	shown
throw	threw	thrown	hang	hung	hung
shine	shone	shone	run	ran	run
find	found	found	bite	bit	bit(ten)
wake	woke	woken	cost	cost	cost
spend	spent	spent			

Group2 UNIT 33-67

고등학교 과정 1

Unit 33

단어를 보자!

□ ❶ **accept** 받아들이다
[æksépt]

□ ❷ **decide** 결심하다
[disáid]

□ ❸ **wonder** 이상하게 여기다
[wʌ́ndər]

□ ❹ **avoid** 피하다
[əvɔ́id]

□ ❺ **improve** 개선하다
[imprúːv] (이상한 것)

□ ❻ **allow** 허락하다
[əláu]

□ ❼ **express** 표현하다·급행
[iksprés]

□ ❽ **develop** 발달 (개발) 하다
[divéləp]

□ ❾ **consider** 고려하다
[kənsídər]

□ ❿ **create** 창조하다
[kriéit]

자주 사용되는 표현을 익히자!

❶ I accepted the offer.　　　나는 그 제의를 받아들였다.

❸ I wonder if it's OK.　　　그것으로 괜찮은 걸까?

❹ I avoid seeing him.　　　그를 만나는 것을 피하고 있다.

❼ She expressed her support.　그녀는 지지를 표명했다.

❿ He created a problem.　　　그가 문제를 불러일으켰다.

파생어·관련어

❶ accéptance 받아들임　❷ decísion 결정　❹ avóidance 회피
❺ impróvement 개선　❻ allówance 허용·수당　❼ expréssion 표현
❽ devélopment 발달·개발　❾ considerátion 고려　❿ creátion 창조

NOTES : ⑩ 크리에이티브한(창조적인) 일

1 그것으로 괜찮은 걸까?   I _____ if it's OK.

2 그의 나이도 고려해야 한다.   You should _____ his age.

3 그가 문제를 불러일으켰다.   He _____ a problem.

4 그녀는 지지를 표명했다.   She _____ her support.

5 그는 그것을 사용하는 것을   He doesn't _____ me to use it.
   허락하지 않았다.

6 나는 그 제의를 받아들였다.   I _____ the offer.

7 그 상태가 개선되었다.   The conditions were _____.

8 그를 만나는 것을 피하고 있다.   I _____ seeing him.

9 그들은 신형을 개발했다.   They _____ a new model.

10 그것을 사기로 결심했다.   I _____ to buy it.

고등학교 과정 1

1 wonder   2 consider   3 created   4 expressed   5 allow
6 accepted   7 improved   8 avoid   9 developed   10 decided

Unit 34

단어를 보자 !

- **❶ impress** 깊이 감동시키다
  [imprés]

- **❷ guess** 추측(하다)
  [gés]

- **❸ behave** 행동하다
  [bihéiv]

- **❹ propose** 제안하다
  [prəpóuz]

- **❺ exist** 존재하다
  [igzíst]

- **❻ succeed** 성공하다·잇따르다
  [səksí:d]

- **❼ include** 포함하다
  [inklú:d]

- **❽ react** 반응하다
  [riǽkt]

- **❾ notice** 알아차리다·통지
  [nóutis]

- **❿ prepare** 준비하다
  [pripéər]

자주 사용되는 표현을 익히자!

❷ Guess **who.** 누구라고 생각합니까?

❸ Behave **yourself.** 얌전하게 굴어라.

❼ Tax is included. 세금은 포함되어 있다.

❾ He noticed **my mistake.** 그는 내 잘못을 알아차렸다.

❿ I prepared **dinner.** 내가 저녁 식사를 준비했다.

파생어 · 관련어

❶ impréssion 인상 ❸ behávior 행동 ❹ propósal 제안
❺ exístence 존재 ❻ succéss 성공 succéssful 성공한 succéssion 연속
succéssive 연속하는 ❽ reáction 반응 ❿ preparátion 준비

영어로 말해보자!

1 세금은 포함되어 있다. Tax is _____.

2 그는 내 잘못을 알아차렸다. He _____ my mistake.

3 많은 문제가 아직도 있다
   (존재한다). Many problems still _____.

4 얌전하게 굴어라. _____ yourself.

5 그는 내 논평에 강하게 반응했다. He _____ strongly to my
   comments.

6 내가 저녁 식사를 준비했다. I _____ dinner.

7 누구라고 생각합니까? _____ who.

8 나는 그녀의 연설에 깊은 감동을
   받았다. I was _____ by her speech.

9 그녀는 다른 계획을 제안했다. She _____ another plan.

10 그는 사업에 성공했다. He _____ in his business.

고등학교과정 1

---

1 included   2 noticed   3 exist   4 Behave
5 reacted   6 prepared   7 Guess   8 impressed
9 proposed   10 succeeded

Unit 35

단어를 보자!

☐ ❶ **influence** 영향(을 주다)
  [ínfluəns]

☐ ❷ **expect** 예상하다
  [ikspékt]

☐ ❸ **realize** 깨닫다·실현하다
  [ríːəlàiz]

☐ ❹ **seem** ~인 것 같다
  [síːm]

☐ ❺ **admit** 인정하다
  [ædmít]

☐ ❻ **support** 지지(하다)
  [səpɔ́ːrt]

☐ ❼ **increase** 늘다·증가
  동[inkríːs] 명[ínkriːs]

☐ ❽ **decrease** 줄다·감소
  동[dikríːs] 명[díkriːs]

☐ ❾ **require** 필요로 하다
  [rikwáiər]

☐ ❿ **regard** 여기다·사항
  [rigáːrd]

자주 사용되는 표현을 익히자!

❷ It's better than I expected.   그것은 내가 예상한 것보다 좋다.

❸ I realized it later.   그것을 나중에야 깨달았다.

❹ He seems to be sick.   그는 아픈 것 같다.

❼ They increased in number.   그것들은 수가 늘었다.

❾ It requires much time.   그것에는 많은 시간이 필요하다.

파생어 · 관련어

❷ expectátion 예상   ❸ realizátion 자각·실현   ❺ admíssion 입장
❾ requírement 요구

영어로 말해보자!

1 그 비율은 줄고 있다.   The rate is _____ .

2 그것을 나중에야 깨달았다.   I _____ it later.

3 그것에는 많은 시간이 필요하다.   It _____ much time.

4 나는 언니에게 영향을 받았다.   I was _____ by my sister.

5 나는 가족을 부양해야만 한다.   I must _____ my family.

6 그것은 내가 예상한 것보다 좋다.   It's better than I _____ .

7 나는 그를 좋은 라이벌이라고 여긴다. I _____ him as a good rival.

8 그것들은 수가 늘었다.   They _____ in number.

9 그녀는 자신의 실패를 인정했다.   She _____ her failure.

10 그는 아픈 것 같다.   He _____ to be sick.

고등학교 과정 1

1 decreasing	2 realized	3 requires	4 influenced
5 support	6 expected	7 regard	8 increased
9 admitted	10 seems		

Unit 36

단어를 보자!

□ ❶ **produce** 생산하다·산출하다
[prəd(j)úːs]

□ ❷ **permit** 허가하다
[pərmít]

□ ❸ **judge** 판단하다·판사
[dʒʌ́dʒ]

□ ❹ **depend** 의지하다
[dipénd]

□ ❺ **compare** 비교하다
[kəmpéər]

□ ❻ **argue** 논쟁하다
[áːrgjuː]

□ ❼ **prefer** 좋아하다
[prifə́ːr]

□ ❽ **provide** 공급하다·
[prəváid] 대비하다

□ ❾ **raise** 올리다
[réiz]

□ ❿ **gain** 얻다·얻는 것
[géin]

자주 사용되는 표현을 익히자!

❷ I was permitted to join them. 나는 그들과 함께 하는 것을 허가받았다.

❹ It depends on you. 그것은 당신에게 달려 있습니다.

❼ I prefer tea to coffee. 커피보다 홍차를 좋아합니다.

❾ They raised the prices. 그들은 가격을 올렸다.

❿ I gained 5 kilograms. 5 킬로그램이 늘었다.

파생어·관련어

❶ prodúction 생산 ❷ permíssion 허가 ❸ júdgment 판단
❹ depéndence 의존 ❺ compárison 비교 ❻ árgument 논의
❼ préference 선호

영어로 말해보자!

1 그들은 가격을 올렸다.   They _____ the prices.

2 나는 크기를 비교했다.   I _____ the sizes.

3 그것은 당신에게 달려 있습니다.   It _____ on you.

4 그들은 정보를 제공하지 않았다.   They _____ no information.

5 우리는 영화를 제작했다.   We _____ a movie.

6 나는 그들과 함께 하는 것을   I was _____ to join them.
   허가받았다.

7 커피보다 홍차를 좋아합니다.   I _____ tea to coffee.

8 그들은 논쟁하기 시작했다.   They started _____.

9 5킬로그램이 늘었다.   I _____ 5 kilograms.

10 나는 그것을 공평하게 판단했다.   I _____ it fairly.

1 raised	2 compared	3 depends	4 provided
5 produced	6 permitted	7 prefer	8 arguing
9 gained	10 judged		

Unit 37

단어를 보자!

□ ❶ **satisfy** 만족시키다
[sǽtisfài]

□ ❷ **offer** 제공하다·
[ɔ́:fər] ~하자고 말하다

□ ❸ **act** 행동하다
[ǽkt]

□ ❹ **replace** 대신하다
[ripléis]

□ ❺ **treat** 대우하다
[trí:t]

□ ❻ **invent** 발명하다
[invént]

□ ❼ **reduce** 감소하다
[rid(j)ú:s]

□ ❽ **intend** 작정이다
[inténd]

□ ❾ **manage** 관리하다
[mǽnidʒ]

□ ❿ **cure** 치료(하다)
[kjúər]

자주 사용되는 표현을 익히자!

❶ I'm satisfied **with the result.** 나는 그 결과에 만족한다.

❸ She acted **at once.** 그녀는 즉시 행동했다.

❹ He might be replaced. 그는 교체될지도 모른다.

❺ They treated **me nicely.** 그들은 나에게 잘 대해줬다.

❾ I can manage **it.** 나는 그것에 잘 대처할 수 있습니다.

파생어 · 관련어

❶ satisfáction 만족 ❸ áction 행동 ❹ replácement 대체
❺ tréatment 취급 ❻ invéntion 발명 ❼ redúction 감소
❽ inténtion 의도 ❾ mánagement 관리

영어로 말해보자!

1	그가 그 방법을 발명했다.	He _____ the method.	
2	나는 그 결과에 만족한다.	I'm _____ with the result.	
3	그는 교체될지도 모른다.	He might be _____.	
4	그녀는 돕겠다고 말했다.	She _____ a helping hand.	
5	그 통증을 치료받았다.	I was _____ of the pain.	
6	그녀는 즉시 행동했다.	She _____ at once.	
7	나는 돌아갈 작정이었다.	I _____ to return.	
8	그들은 나에게 잘 대해줬다.	They _____ me nicely.	
9	값을 깎을 수는 없습니다.	We can't _____ the price.	
10	나는 그것에 잘 대처할 수 있습니다.	I can _____ it.	

고등학교 과정 1

---

1 invented	2 satisfied	3 replaced	4 offered	5 cured
6 acted	7 intended	8 treated	9 reduce	10 manage

85

Unit 38

단어를 보자 !

☐ ❶ **perform** 행하다 ·
[pərfɔ́:rm] 연기하다

☐ ❷ **share** 나누다 · 몫
[ʃéər]

☐ ❸ **blame** 나무라다
[bléim]

☐ ❹ **solve** 해결하다
[sálv]

☐ ❺ **cooperate** 협력하다
[kouǽpərèit]

☐ ❻ **remain** 머무르다
[riméin]

☐ ❼ **recover** 회복하다
[rikʌ́vər]

☐ ❽ **attend** 출석(주의)하다
[əténd]

☐ ❾ **encourage** 격려하다
[inkə́:ridʒ]

☐ ❿ **transport** 수송하다
[trænspɔ́:rt]

자주 사용되는 표현을 익히자!

❸ Don't blame yourself. 자신을 책망하지 마라.

❹ I can't solve this problem. 이 문제를 풀 수 없습니다.

❺ Thanks for cooperating. 협조해 주서서 감사합니다.

❻ She remained quiet. 그녀는 침묵한 채로 있었다.

❾ Please encourage him. 그를 격려해 주세요.

파생어 · 관련어

❶ perfórmance 실행 ❹ solútion 해결 ❺ cooperátion 협력
❼ recóvery 회복 ❽ atténdance 출석 atténtion 주의
❾ encóuragement 장려 ❿ transportátion 운송

영어로 말해보자!

1. 우리는 차를 공유한다.　　　　　We _____ a car.

2. 자신을 책망하지 마라.　　　　　Don't _____ yourself.

3. 협조해 주셔서 감사합니다.　　　Thanks for _____.

4. 그녀는 자신의 역할을 다했다.　She _____ her role.

5. 그를 격려해 주세요.　　　　　　Please _____ him.

6. 이 문제를 풀 수 없습니다.　　　I can't _____ this problem.

7. 그것들은 트럭으로 운송된다.　They are _____ by truck.

8. 나는 그 회의에 출석했다.　　　I _____ the meeting.

9. 그는 충격으로부터 회복했다.　He _____ from the shock.

10. 그녀는 침묵한 채로 있었다.　　She _____ quiet.

---

1 share　　　2 blame　　　3 cooperating　　4 performed

5 encourage　6 solve　　　7 transported　　8 attended

9 recovered　10 remained

Unit 39

단어를 보자 !

□ ❶ **observe** 관찰하다·지키다
[əbzɔ́:rv]

□ ❷ **refuse** 거절하다
[rifjú:z]

□ ❸ **deny** 부정하다
[dinái]

□ ❹ **consist** 이루어져 있다
[kənsíst]

□ ❺ **graduate** 졸업하다
[grǽdʒuèit]

□ ❻ **repair** 수리(하다)
[ripéər]

□ ❼ **approach** 접근(하다)
[əpróutʃ]

□ ❽ **translate** 번역하다
[trænsléit]

□ ❾ **praise** 칭찬(하다)
[préiz]

□ ❿ **divide** 나누다
[diváid]

자주 사용되는 표현을 익히자!

❷ She refused to come. 그녀는 오는 것을 거절했다.

❸ He denied the rumor. 그는 그 소문을 부정했다.

❺ I graduated from college this year. 나는 올해 대학을 졸업했습니다.

❻ I repaired the door. 나는 문을 수리했다.

❾ I was praised by my teacher. 나는 선생님께 칭찬받았다.

파생어 · 관련어

❶ observátion 관찰 ❷ refúsal 거부 ❸ deníal 부정
❺ graduátion 졸업 ❽ translátion 번역 ❿ divísion 분할

영어로 말해보자!

1 그것은 5명의 회원으로 이루어져 있다.

It ＿＿＿＿＿＿ of five members.

2 나는 올해 대학을 졸업했습니다.

I ＿＿＿＿＿＿ from college this year.

3 나는 별을 관찰하는 것을 좋아합니다.

I like to ＿＿＿＿ the stars.

4 그는 그 소문을 부정했다.

He ＿＿＿＿＿ the rumor.

5 그녀는 그 건물에 접근했다.

She ＿＿＿＿＿＿＿ the building.

6 나는 그것을 네 조각으로 나눴다.

I ＿＿＿＿＿＿ it into four pieces.

7 나는 문을 수리했다.

I ＿＿＿＿＿ the door.

8 그녀는 오는 것을 거절했다.

She ＿＿＿＿＿ to come.

9 이 부분을 번역해 주시겠습니까?

Would you ＿＿＿＿＿＿ this part?

10 나는 선생님께 칭찬받았다.

I was ＿＿＿＿ by my teacher.

고등학교과정1

---

1 consists 2 graduated 3 observ 4 denied
5 approached 6 divided 7 repaired 8 refused
9 translate 10 praised

Unit 40

단어를 보자 !

□ ❶ **insist** 강요하다
[insìst]

□ ❷ **search** 찾다
[sɔ́:rtʃ]

□ ❸ **communicate** 전하다
[kəmjú:nəkèit]

□ ❹ **injure** 상처를 입히다
[ìndʒər]

□ ❺ **prevent** 방해하다
[privént]

□ ❻ **measure** 측정하다
[méʒər]

□ ❼ **recognize** 인지하다
[rékəgnàiz]

□ ❽ **acquire** 얻다
[əkwáiər]

□ ❾ **supply** 공급(하다)
[səplái]

□ ❿ **demand** 요구(하다)
[dimænd]

자주 사용되는 표현을 익히자!

❶ If you insist.   네가 강요한다면.

❷ I'm searching for my wallet.   지갑을 찾고 있습니다.

❹ She was seriously injured.   그녀는 중상을 입었다.

❼ I recognized him at once.   나는 그를 즉시 알아봤다.

❿ We demanded more time off.   우리는 휴가를 늘려줄 것을 요구했다.

파생어 · 관련어

❸ communicátion 전달   ❹ ínjury 부상   ❺ prevéntion 방지
❼ recognítion 인식   ❽ acquisítion 획득

90

영어로 말해보자!

1 지갑을 찾고 있습니다.　　　　　　I'm _____ for my wallet.

2 나는 필요한 기술을 습득했다.　　　I _____ the necessary skill.

3 그는 폭을 쟀다.　　　　　　　　　I _____ the width.

4 나는 그를 즉시 알아봤다.　　　　　I _____ him at once.

5 우리는 휴가를 늘려줄 것을 요구했다.　We _____ more time off.

6 나는 내 생각을 전했다.　　　　　　I _____ my thoughts.

7 그들은 충분한 음식물을 공급했다.　They _____ enough food.

8 그녀는 중상을 입었다.　　　　　　She was seriously _____.

9 눈 때문에 외출할 수 없었다.　　　　The snow _____ me
　　　　　　　　　　　　　　　　　from going out.

10 네가 강요한다면.　　　　　　　　If you _____.

---

1 searching　　2 acquired　　　3 measured　　4 recognized
5 demanded　　6 communicated　7 supplied　　8 injured
9 prevented　10 insist

Unit 41

단어를 보자!

□ ❶ **suppose** 가정하다
[səpóuz]

□ ❷ **concentrate** 집중하다
[kánsəntrèit]

□ ❸ **relate** 관련짓다
[riléit]

□ ❹ **remind** 상기시키다
[rimáind]

□ ❺ **export** 수출(하다)
⑤ [ikspɔ̀:rt] ⑲ [ékspɔ:rt]

□ ❻ **import** 수입(하다)
⑤ [impɔ̀:rt] ⑲ [ímpɔ:rt]

□ ❼ **contain** 포함하다
[kəntéin]

□ ❽ **surround** 둘러싸다
[səráund]

□ ❾ **apologize** 사과하다
[əpálədʒàiz]

□ ❿ **lack** 부족(하다)
[lǽk]

자주 사용되는 표현을 익히자!

❶ I suppose so.　　　　　　　　그렇게 생각한다.

❷ I can't concentrate on my　　일에 집중할 수 없다.
work.

❼ It contains no sugar.　　　　거기에는 설탕이 포함되어 있지 않다.

❾ Let me apologize.　　　　　　사죄하게 해 주십시오.

❿ He lacks humor.　　　　　　　그는 유머가 없다.

파생어 · 관련어

❶ supposítion 가정　❷ concentrátion 집중　❸ relátion 관계
❼ cóntent 내용　❾ apólogy 사죄

92

영어로 말해보자!

1 그것은 어린 시절을 생각나게 한다.   It _____ me of my childhood.

2 그는 유머가 없다.   He _____ humor.

3 이것들은 수입품입니다.   These are _____ goods.

4 그렇게 생각한다.   I _____ so.

5 거기에는 설탕이 포함되어 있지 않다.   It _____ no sugar.

6 우리는 기계를 수출합니다.   We _____ machines.

7 그들은 혈연관계이다.   They are _____ by blood.

8 일에 집중할 수 없다.   I can't _____ on my work.

9 그녀는 기자에게 둘러싸였다.   She was _____ by reporters.

10 사과하게 해 주십시오.   Let me _____.

---

1 reminds   2 lacks   3 imported   4 suppose
5 contains   6 export   7 related   8 concentrate
9 surrounded   10 apologize

Unit 42

단어를 보자 !

☐ ❶ **retire** 은퇴하다
[ritáiər]

☐ ❷ **regret** 후회(하다)
[rigrét]

☐ ❸ **compete** 경쟁하다
[kəmpíːt]

☐ ❹ **reject** 거절하다
[ridʒékt]

☐ ❺ **employ** 고용하다
[implɔ́i]

☐ ❻ **affect** 영향을 미치다
[əfékt]

☐ ❼ **gather** 모이다
[gǽðər]

☐ ❽ **suffer** 고통을 받다
[sʌ́fər]

☐ ❾ **obtain** 얻다
[əbtéin]

☐ ❿ **advise** 조언하다
[ædváiz]

자주 사용되는 표현을 익히자!

❶ He will retire this spring. 그는 이번 봄에 은퇴합니다.

❷ You won't regret it. 후회하지 않을 것입니다.

❹ I rejected it flatly. 나는 단호히 그것을 거절했다.

❻ It directly affects our lives. 그것은 우리의 생활에 직접적으로 영향을 미친다.

❾ I obtained some extra money. 나는 여분의 돈을 손에 넣었다.

파생어 · 관련어

❶ retirement 은퇴 ❸ competition 경쟁 ❹ rejection 거절
❺ employment 고용 ❿ advice 조언

94

영어로 말해보자!

1 그것은 우리의 생활에 직접적으로
   영향을 미친다.

   It directly _____ our lives.

2 후회하지 않을 것입니다.

   You won't _____ it.

3 그들은 서로 경쟁하고 있다.

   They are _____ with
   each other.

4 그녀는 고독에 괴로워하고 있다.

   She _____ from loneliness.

5 그는 그 회사에 고용되었다.

   He is _____ by the company.

6 그는 이번 봄에 은퇴합니다.

   He will _____ this spring.

7 나는 그에게 해외로 가라고
   조언했다.

   I _____ him to go abroad.

8 많은 사람들이 그곳에 모였다.

   Many people _____ there.

9 나는 여분의 돈을 손에 넣었다.

   I _____ some extra money.

10 나는 단호히 그것을 거절했다.

   I _____ it atly.

---

1 affects   2 regret   3 competing   4 suffers

5 employed   6 retire   7 advised   8 gathered

9 obtained   10 rejected

Unit 43

단어를 보자!

- ☐ ❶ **reply** 대답(하다)
  [riplái]

- ☐ ❷ **indicate** 가리키다
  [índikèit]

- ☐ ❸ **criticize** 비판하다
  [krítəsàiz]

- ☐ ❹ **remove** 제거하다
  [rimú:v]

- ☐ ❺ **enable** 가능하게 하다
  [inéibl]

- ☐ ❻ **violate** 위반하다
  [váiəlèit]

- ☐ ❼ **mention** 이야기하다
  [ménʃən]

- ☐ ❽ **achieve** 달성하다
  [ətʃí:v]

- ☐ ❾ **feed** 먹을 것을 주다
  [fí:d]

- ☐ ❿ **maintain** 유지하다
  [meintéin]

자주 사용되는 표현을 익히자!

❶ I replied **to his e-mail.** 그의 이메일에 답했다.

❷ It indicates **her taste.** 그것은 그녀의 기호를 나타낸다.

❻ He violated **the traffic law.** 그는 교통위반을 했다.

❼ Don't mention **it.** (감사에 대해) 별 말씀을요.

❽ I achieved **my goal.** 나는 목표를 달성했다.

파생어 · 관련어

❷ indicátion 지시 ❸ críticism 비판 crític 비평가 ❹ remóval 제거
❻ violátion 위반 ❽ achíevement 달성 ❿ máintenance 유지

영어로 말해보자!

1　그는 교통위반을 했다.　　　　　He _____ the traffic law.

2　그녀는 심하게 비판받았다.　　　She was _____ severely.

3　(감사에 대해) 별말씀을요.　　　Don't _____ it.

4　그것 때문에 그는 성공했다.　　　It _____ him to succeed.

5　나는 같은 속도를 유지했다.　　　I _____ the same speed.

6　나는 언제나 개에게 먹이를 준다.　I always _____ my dog.

7　그것은 그녀의 기호를 나타낸다.　It _____ her taste.

8　그는 안경을 벗었다.　　　　　　He _____ his glasses.

9　나는 목표를 달성했다.　　　　　I _____ my goal.

10　그의 이메일에 답했다.　　　　　I _____ to his e-mail.

---

1 violated　　2 criticized　　3 mention　　4 enabled
5 maintained　6 feed　　　7 indicates　　8 removed
9 achieved　　10 replied

Unit 44

단어를 보자!

□ ❶ **deal** 다루다·거래
[díːl]

□ ❷ **participate** 참여하다
[pɑːrtísəpèit]

□ ❸ **suggest** 제안하다·암시하다
[səgdʒést]

□ ❹ **tend** 경향이 있다
[ténd]

□ ❺ **pretend** ~인 체하다
[priténd]

□ ❻ **vote** 투표(하다)
[vóut]

□ ❼ **conclude** 결론을 내리다
[kənklúːd]

□ ❽ **spread** 퍼지다
[spréd]

□ ❾ **delay** 지연시키다·지체
[diléi]

□ ❿ **appeal** 호소(하다)
[əpíːl]

자주 사용되는 표현을 익히자!

❷ I participated in the game.   나는 그 시합에 참가했다.

❸ She suggested a break.   그녀는 휴식을 제안했다.

❻ Which one will you vote for?   어느 쪽에 투표할 것입니까?

❾ The train was delayed.   그 열차는 연착했다.

❿ It doesn't appeal to me.   그것은 나에게 와닿지 않는다.

파생어 · 관련어

❷ participátion 참가   ❸ suggéstion 제안   ❹ téndency 경향
❺ preténse 겉치레   ❼ conclúsion 결론

영어로 말해보자!

1   그는 자주 결석한다.   He _____ to be absent.

2   그녀는 휴식을 제안했다.   She _____ a break.

3   그는 그것을 아는 체했다.   He _____ to know it.

4   이 책은 건강에 대해 다루고 있다.   This book _____ with health.

5   나는 그 시합에 참가했다.   I _____ in the event.

6   그 열차는 연착했다.   The train was _____.

7   그것은 나에게 와닿지 않는다.   It doesn't _____ to me.

8   그 소식은 곧 퍼질 것이다.   The news will _____ soon.

9   우리는 계약을 맺었다.   We _____ the contract.

10 어느 쪽에 투표할 것입니까?   Which one will you _____ for?

고등학교과정 1

---

1 tends   2 suggested   3 pretended   4 deals
5 participated 6 delayed   7 appeal   8 spread
9 concluded   10 vote

Unit 45

동사 2-13

단어를 보자!

☐ ❶ **record** 기록(하다)
图 [rikɔ́ːrd] 图 [rékəːrd]

☐ ❷ **define** 정의하다
[difáin]

☐ ❸ **publish** 출판하다
[pʌ́bliʃ]

☐ ❹ **persuade** 설득하다
[pərswéid]

☐ ❺ **apply** 적합(신청)하다
[əplái]

☐ ❻ **transmit** 발송하다
[trænsmít]

☐ ❼ **isolate** 고립시키다
[áisəlèit]

☐ ❽ **unite** 결합하다
[juːnáit]

☐ ❾ **complete** 완성하다·완전한
[kəmplíːt]

☐ ❿ **fulfill** 이행하다
[fulfíl]

자주 사용되는 표현을 익히자!

❹ I tried to persuade him. 그를 설득하려고 했었다.

❺ It doesn't apply to this case. 그것은 이 경우에는 적용되지 않는다.

❻ You can also transmit images. 영상도 보낼 수 있습니다.

❾ She completed the job. 그녀는 그 일을 마쳤다.

❿ I couldn't fulfill my duty. 내 의무를 다하지 못했습니다.

파생어·관련어

❷ definítion 정의 ❹ persuásion 설득 ❺ applicátion 응용·응모
❻ transmíssion 전송 ❼ isolátion 독립 ❽ únity 통일
❾ complétion 완성 ❿ fulfíllment 실행

영어로 말해보자!

1 그녀는 그 일을 마쳤다.　　　　　She ＿＿＿＿＿ the job.

2 나는 그 데이터를 기록했다.　　　I ＿＿＿＿＿ the data.

3 우리는 신념에 의해 결합되었다.　We are ＿＿＿＿＿ by beliefs.

4 그는 회사에서 고립되어 있다.　　He is ＿＿＿＿＿ in the office.

5 이 책은 곧 출판된다.　　　　　The book will be ＿＿＿＿＿ soon.

6 그를 설득하려고 했었다.　　　　I tried to ＿＿＿＿＿ him.

7 그것은 이 경우에는 적용되지　　It doesn't ＿＿＿ to this case.
　않는다.

8 영상도 보낼 수 있습니다.　　　You can also ＿＿＿＿＿ images.

9 내 의무를 다하지 못했습니다.　I couldn't ＿＿＿＿＿ my duty.

10 행복을 어떻게 정의하십니까?　How do you ＿＿＿＿＿ happiness?

---

1 completed　　2 recorded　　3 united　　4 isolated

5 published　　6 persuade　　7 apply　　8 transmit

9 fulfill　　10 define

고등학교과정 1

101

Unit 46

단어를 보자!

□ ❶ **warn** 경고하다
[wɔ́:rn]

□ ❷ **assist** 돕다
[əsíst]

□ ❸ **entertain** ~을 즐겁게 해주다
[èntərtéin]

□ ❹ **organize** 편성하다
[ɔ́:rɡənàiz]

□ ❺ **reserve** 예약(보류)하다
[rizɔ́:rv]

□ ❻ **defend** 지키다
[difénd]

□ ❼ **elect** 선출하다
[ilékt]

□ ❽ **pray** 빌다
[préi]

□ ❾ **absorb** 흡수하다
[æbzɔ́:rb]

□ ❿ **predict** 예언하다
[pridíkt]

자주 사용되는 표현을 익히자!

❶ I'm warning you. 너에게 경고해 두겠다.

❷ I can assist you if you'd like. 괜찮다면 제가 도와드리겠습니다.

❺ I reserved a seat. 좌석을 예약했습니다.

❼ I was elected captain. 나는 우두머리로 선출되었다.

❿ I can't predict the future. 미래를 예언할 수 없습니다.

파생어 · 관련어

❷ assístance 원조 ❸ entertáinment 오락 ❹ organizátion 조직
❺ reservátion 예약 ❻ defénse 방어 ❼ eléction 선거
❽ práyer 기도 ❾ absórption 흡수 ❿ predíction 예언

NOTES : ❷ 어시스턴트   ❸ 엔터테인먼트   ❻ 디펜스(방어)

영어로 말해보자!

1 좌석을 예약했습니다.   I _____ a seat.

2 그녀는 자신의 입장을 지켰다.   She _____ her position.

3 괜찮다면 제가 도와드리겠습니다.   I can _____ you if you'd like.

4 그는 손님을 즐겁게 해줬다.   He _____ the guests.

5 너에게 경고해 두겠다.   I'm _____ you.

6 그들은 팀을 편성했다.   They _____ a team.

7 나는 하나님께 기도했다.   I _____ to God.

8 그것은 물을 흡수한다.   It _____ water.

9 미래를 예언할 수 없습니다.   I can't _____ the future.

10 나는 우두머리로 선출되었다.   I was _____ captain.

고등학교과정 1

---

1 reserved   2 defended   3 assist   4 entertained
5 warning   6 organized   7 prayed   8 absorbs
9 predict   10 elected

103

Unit 47

단어를 보자!

- ☐ ❶ **ignore** 무시하다
  [ignɔ́:r]

- ☐ ❷ **compose** 구성하다
  [kəmpóuz]

- ☐ ❸ **encounter** 우연히 만나다
  [inkáuntər]

- ☐ ❹ **promote** 촉진하다
  [prəmóut]

- ☐ ❺ **prove** 증명하다
  [prú:v]

- ☐ ❻ **obey** 따르다
  [oubéi]

- ☐ ❼ **earn** 벌다
  [ɔ́:rn]

- ☐ ❽ **resist** 저항하다
  [rizíst]

- ☐ ❾ **associate** 교제하다
  [əsóuʃièit]

- ☐ ❿ **polish** 닦다
  [páliʃ]

자주 사용되는 표현을 익히자!

❶ She ignored my advice.   그녀는 내 조언을 무시했다.

❸ I encountered him on the train.   열차에서 우연히 그를 만났다.

❼ How much do you earn?   얼마나 버십니까?

❽ I couldn't resist the temptation.   그 유혹에 저항할 수 없었다.

❿ I polished my shoes.   나는 구두를 닦았다.

파생어 · 관련어

❶ ígnorance 무지   ❷ composítion 구성   ❹ promótion 촉진
❺ próof 증거   ❻ obédience 순종   ❽ resístance 저항
❾ associátion 협회·협동

영어로 말해보자!

1 그것은 다양한 재료로 구성되어
   있다.

It is _____ of various
materials.

2 그들은 그의 명령을 따랐다.

They _____ his order.

3 그 유혹에 저항할 수 없었다.

I couldn't _____ the
temptation.

4 나는 구두를 닦았다.

I _____ my shoes.

5 너는 그것을 증명하지 않으면
   안 된다.

You have to _____ it.

6 얼마나 버십니까?

How much do you _____?

7 그녀는 내 조언을 무시했다.

She _____ my advice.

8 그들은 판매 촉진을 하고 있다.

They're _____ the sales.

9 나는 많은 사람들과 교제하고 있다.

I _____ with many people.

10 열차에서 우연히 그를 만났다.

I _____ him on the train.

고등학교과정 1

---

1 composed   2 obeyed   3 resist   4 polished
5 prove   6 earn   7 ignored   8 promoting
9 associate   10 encountered

Unit 48

단어를 보자!

- ❶ **attitude** 태도
  [ǽtit(j)ùːd]

- ❷ **tradition** 전통
  [trədíʃən]

- ❸ **individual** 개인(의)
  [ìndəvídʒuəl]

- ❹ **result** 결과(로 되다)
  [rizʌ́lt]

- ❺ **doubt** 의심(하다)
  [dáut]

- ❻ **effect** 효과·초래하다
  [ifékt]

- ❼ **price** 가격
  [práis]

- ❽ **religion** 종교
  [rilídʒən]

- ❾ **amount** 양·달하다
  [əmáunt]

- ❿ **progress** 진보(하다)
  명[prágres] 동[prəgrés]

자주 사용되는 표현을 익히자!

❶ I can't stand his attitude.　　그의 태도를 견딜 수 없다.

❸ It is a matter of individuals.　　그것은 개인의 문제다.

❺ There is no doubt about it.　　그것에 대해서는 의심할 여지가 없다.

❼ Prices are rising.　　물가가 오르고 있다.

❽ What is your religion?　　종교가 무엇입니까?

파생어 · 관련어

❷ tradítional 전통적인　　❸ individualístic 개인주의의
❺ dóubtful 의심스러운　　❻ efféctive 효과적인　　❽ relígious 종교의
❿ progréssive 진보적인

106

영어로 말해보자!

1 그것은 개인의 문제다.   It is a matter of _____ .

2 우리는 좋은 결과를 얻었다.   We achieved a good _____ .

3 총량은 얼마입니까?   What's the total _____ ?

4 종교가 무엇입니까?   What is your _____ ?

5 그것은 빠른 진전을 이뤘다.   It made rapid _____ .

6 그것에 대해서는 의심할 여지가   There is no _____ about it.
   없다.

7 우리는 그 전통을 지켜야만 한다.   We must keep the _____ .

8 물가가 오르고 있다.   _____ are rising.

9 그들은 특수효과를 사용했다.   They used special _____ .

10 그의 태도를 견딜 수 없다.   I can't stand his _____ .

고등학교과정 1

---

1 individuals   2 result   3 amount   4 religion
5 progress   6 doubt   7 tradition   8 Prices
9 effects   10 attitude

Unit 49

단어를 보자!

□ **❶ human** 인간(의)
[hjú:mən]

□ **❷ ancestor** 조상
[ǽnsəstər]

□ **❸ customer** (가게의) 손님
[kʌ́stəmər]

□ **❹ desire** 욕구·욕망
[dizáiər]

□ **❺ industry** 산업·근면
[índəstri]

□ **❻ value** 가치·평가하다
[vǽlju:]

□ **❼ community** 지역·공동체
[kəmjú:nəti]

□ **❽ environment** 환경
[invái(ə)rənmənt]

□ **❾ reason** 이유·추론하다
[rí:zn]

□ **❿ disease** 병
[dizí:z]

자주 사용되는 표현을 익히자!

❶ Humans are born to learn. 인간은 배우기 위해 태어난다.

❸ It was full of customers. 그곳은 손님으로 가득 찼었다.

❻ It has no value. 그것은 아무런 가치가 없다.

❼ She's working for the community. 그녀는 지역을 위해서 일하고 있다.

❾ I have a good reason. 나에게는 충분한 이유가 있다.

파생어·관련어

❷ áncient 고대의　**❺** indústrial 산업의　indústrious 근면한
❻ váluable 금전적 가치가 있는　**❽** environméntal 환경의
❾ réasonable 도리에 맞는·적당한

108

영어로 말해보자!

1　인간은 배우기 위해 태어난다.　　　_____ are born to learn.

2　그는 병으로부터 회복했다.　　　He recovered from the _____.

3　우리는 조상을 존경한다.　　　We respect our _____.

4　그녀는 지역을 위해서 일하고 있다.　　　She's working for the _____.

5　그것은 환경 친화적이다.　　　It is friendly to the _____.

6　그는 강한 욕망을 가지고 있었다.　　　He had a strong _____.

7　그곳은 손님으로 가득 찼었다.　　　It was full of _____.

8　그녀는 음악 산업에 종사한다.　　　She is in the music _____.

9　나에게는 충분한 이유가 있다.　　　I have a good _____.

10　그것은 아무런 가치가 없다.　　　It has no _____.

고등학교 과정 1

1 Humans	2 disease	3 ancestors	4 community
5 environment	6 desire	7 customers	8 industry
9 reason	10 value		

109

Unit 50

단어를 보자!

□ ❶ **ability** 능력
[əbíləti]

□ ❷ **shape** 형태(가 되다)
[ʃéip]

□ ❸ **factor** 요소
[fǽktər]

□ ❹ **economy** 경제
[ikánəmi]

□ ❺ **material** 재료
[mətí(ə)riəl]

□ ❻ **cause** 원인·원인이 되다
[kɔ́ːz]

□ ❼ **effort** 노력
[éfərt]

□ ❽ **concept** 개념·생각
[kánsept]

□ ❾ **blood** 혈액
[blʌ́d]

□ ❿ **pollution** 오염
[pəlúːʃən]

자주 사용되는 표현을 익히자!

❷ I'm in good shape. 나는 컨디션이 좋다.

❸ It is an important factor. 그것은 중요한 요소이다.

❻ What's the cause of the accident? 그 사고의 원인은 무엇입니까?

❼ I made every effort. 나는 모든 노력을 했다.

❾ My blood type is A. 내 혈액형은 A 형입니다.

파생어 · 관련어

❶ áble 할 수 있는   ❹ económic 경제의 económical 경제적인
❺ materialístic 물질주의의   ❽ concéptual 개념의
❾ blóody 피투성이의

영어로 말해보자!

1　나는 모든 노력을 했다.　　　　I made every _____ .

2　그녀는 뛰어난 운동 능력을 가지고 있다.　　　　She has great athletic _____ .

3　이것이 제 교재입니다.　　　　This is my teaching _____ .

4　내 혈액형은 A형입니다.　　　　My _____ type is A.

5　그것은 중요한 요소이다.　　　　It is an important _____ .

6　그들은 대기오염에 시달린다.　　　　They suffer from air _____ .

7　나는 컨디션이 좋다.　　　　I'm in good _____ .

8　그들은 다른 생각을 가지고 있다.　　　　They have a different _____ .

9　그 사고의 원인은 무엇입니까?　　　　What's the _____ of the accident?

10　그들의 경제는 성장하고 있다.　　　　Their _____ is growing.

---

1 effort　　2 ability　　3 material　　4 blood　　5 factor
6 pollution　7 shape　　8 concept　　9 cause　　10 economy

Unit 51

단어를 보자!

□ ❶ **benefit** 이익
[bénəfit]

□ ❷ **risk** 위험
[rísk]

□ ❸ **fear** 공포·
[fíər] 두려워하다

□ ❹ **skill** 기술
[skíl]

□ ❺ **event** 일어난 일
[ivént]

□ ❻ **revolution** 혁명
[rèvəlú:ʃən]

□ ❼ **crisis** 위기
[kráisis]

□ ❽ **method** 방법
[méθəd]

□ ❾ **basis** 기초
[béisis]

□ ❿ **opportunity** 기회
[àpərt(j)ú:nəti]

자주 사용되는 표현을 익히자!

❷ I will take a risk. 나는 모험을 할 것이다.

❹ It requires great skill. 그것은 뛰어난 기술을 필요로 한다.

❺ It was a strange event. 기묘한 일이었다.

❾ Your idea has no basis in reality. 당신의 생각에는 현실적인 근거가 없다.

❿ This is a great opportunity. 이것은 절호의 기회다.

파생어 · 관련어

❶ benefícial 유익한 ❷ rísky 위험한 ❸ féarful 무서운
❹ skíllful 숙련된 ❻ revolútionary 혁명적인 ❾ básic 기초적인

영어로 말해보자!

1 이것은 절호의 기회다.　　　　　This is a great ＿＿＿＿＿.

2 당신의 생각에는 현실적인
　 근거가 없다.　　　　　　　　Your idea has no ＿＿＿ in
　　　　　　　　　　　　　　　reality.

3 그녀는 공포로 떨고 있었다.　　She was shaking with ＿＿＿.

4 그것은 뛰어난 기술을 필요로
　 한다.　　　　　　　　　　　It requires great ＿＿＿＿.

5 나는 경제적인 이익을 받는다.　I receive economic ＿＿＿＿＿.

6 우리는 정보혁명의 한가운데에
　 있다.　　　　　　　　　　　We are in the midst of an
　　　　　　　　　　　　　　　information ＿＿＿＿＿.

7 이 방법은 완전히 새롭다.　　　This ＿＿＿＿ is totally new.

8 나는 모험을 할 것이다.　　　　I will take a ＿＿＿.

9 기묘한 일이었다.　　　　　　It was a strange ＿＿＿.

10 그들은 석유 위기를 경험했다.　They experienced the oil
　　　　　　　　　　　　　　　＿＿＿＿.

고등학교과정1

---

1 opportunity 2 basis 3 fear 4 skill 5 benefits
6 revolution 7 method 8 risk 9 event 10 crisis

Unit 52

단어를 보자 !

□ ❶ **character** 개성·인물
[kǽriktər]

□ ❷ **research** 연구(하다)
[risə́:rtʃ]

□ ❸ **emotion** 감정
[imóuʃən]

□ ❹ **civilization** 문명
[sìvəlaizéiʃən]

□ ❺ **mass** 다수·대중
[mǽs]

□ ❻ **evidence** 증거
[évədəns]

□ ❼ **process** 과정·처리하다
[práses]

□ ❽ **population** 인구
[pàpjuléiʃən]

□ ❾ **crime** 범죄
[kráim]

□ ❿ **atmosphere** 대기·분위기
[ǽtməsfìər]

자주 사용되는 표현을 익히자!

❶ She has a unique character. 그녀는 독특한 개성을 가지고 있다.

❸ I controlled my emotion. 나는 감정을 억눌렀다.

❻ There is no evidence. 증거는 없다.

❾ He committed a crime. 그는 범죄를 저질렀다.

❿ We enjoyed the pleasant atmosphere. 우리는 유쾌한 분위기를 즐겼다.

파생어 · 관련어

❸ emótional 감정적인 ❻ évident 명백한 ❾ críminal 범죄자
❿ atmosphéric 대기의

NOTES : ❶ 캐릭터 상품 ❺ 매스미디어 (대중매체)

영어로 말해보자!

1 나는 감정을 억눌렀다.
I controlled my _____.

2 그것은 많은 과정을 거쳤다.
It went through many _____.

3 우리는 유쾌한 분위기를 즐겼다.
We enjoyed the pleasant _____.

4 우리는 대량 생산 방식을 취하고 있다.
We use _____ production.

5 증거는 없다.
There is no _____.

6 그는 범죄를 저질렀다.
He committed a _____.

7 인구가 줄고 있다.
The _____ is decreasing.

8 그는 연구 조교입니다.
He's a _____ assistant.

9 그녀는 독특한 개성을 가지고 있다.
She has a unique _____.

10 나는 고대문명에 흥미가 있다.
I'm interested in ancient _____.

고등학교과정 1

---

1 emotions   2 processes   3 atmosphere   4 mass
5 evidence   6 crime   7 population   8 research
9 character   10 civilizations

Unit 53

단어를 보자 !

□ ❶ **profit** 이익
[práfit]

□ ❷ **analysis** 분석
[ənǽləsis]

□ ❸ **item** 항목·품목
[áitəm]

□ ❹ **weight** 무게
[wéit]

□ ❺ **burden** 부담
[bə́:rdn]

□ ❻ **theory** 이론
[θí:əri]

□ ❼ **violence** 폭력
[váiələns]

□ ❽ **agriculture** 농업
[ǽgrikʌ̀ltʃər]

□ ❾ **generation** 세대
[dʒénəréiʃən]

□ ❿ **victim** 희생
[víktim]

자주 사용되는 표현을 익히자!

❶ They made a large profit.　　그들은 큰 이익을 올렸다.

❹ I have to control my weight.　　체중 관리를 하지 않으면 안 된다.

❺ The burden is too much.　　부담이 너무 크다.

❻ The theory didn't work.　　그 이론은 잘 되지 않았다.

❿ There were many victims.　　많은 희생자가 있었다.

파생어 · 관련어

❶ prófitable 이익이 많은　❷ ánalyze 분석하다　❹ wéigh 무게를 달다
❻ theorétical 이론적인　❼ víolent 폭력적인　❽ agricúltural 농업의

영어로 말해보자!

1 많은 희생자가 있었다.   There were many _____.

2 나는 신중히 분석을 내렸다.   I made a careful _____.

3 세대 간의 격차가 있다.   There is a _____ gap.

4 우리는 유기농업을 하고 있다.   We're doing organic _____.

5 그들은 큰 이익을 올렸다.   They made a large _____.

6 모든 항목을 조사했다.   I checked every _____.

7 부담이 너무 크다.   The _____ is too much.

8 체중 관리를 하지 않으면   I have to control my _____.
   안 된다.

9 그 이론은 잘 되지 않았다.   The _____ didn't work.

10 그는 결코 폭력을 사용하지   He never uses _____.
   않는다.

1 victims   2 analysis   3 generation   4 agriculture
5 profit   6 item   7 burden   8 weight
9 theory   10 violence

Unit 54

단어를 보자 !

- ❶ **duty** 의무
  [d(j)úːti]

- ❷ **income** 수입
  [ínkʌm]

- ❸ **situation** 상태
  [sìtʃuéiʃən]

- ❹ **rumor** 소문
  [rúːmər]

- ❺ **knowledge** 지식
  [nálidʒ]

- ❻ **enemy** 적
  [énəmi]

- ❼ **exception** 예외
  [iksépʃən]

- ❽ **advantage** 유리
  [ædvǽntidʒ]

- ❾ **affair** 일
  [əféər]

- ❿ **origin** 기원
  [ɔ́ːrədʒin]

자주 사용되는 표현을 익히자!

❶ It is a duty as a member.　　그것은 회원으로서의 의무이다.

❸ The situation hasn't
   changed at all.　　　　　　그 상황은 전혀 변하지 않았다.

❹ The rumor was true.　　　　그 소문은 사실이었다.

❼ There are some exceptions.　몇 가지 예외도 있다.

❽ I took full advantage of it.　나는 그것을 충분히 활용했다.

파생어 · 관련어

❺ knówledgeable 박식한　❼ excéptional 예외의
❽ advantágeous 유리한　❿ oríginal 최초의

영어로 말해보자!

1 그 상황은 전혀 변하지 않았다.　The _____ hasn't changed at all.

2 몇 가지 예외도 있다.　There are some _____.

3 이것들은 공공의 일이다.　They are public _____.

4 그것은 회원으로서의 의무이다.　It is a _____ as a member.

5 우리는 한정된 수입밖에 없다.　We have a limited _____.

6 나는 그것을 충분히 활용했다.　I took full _____ of it.

7 나는 중국어에 관한 지식은 전혀 없다.　I have no _____ of Chinese.

8 우리에게는 공통의 적이 있다.　We have a common _____.

9 그 소문은 사실이었다.　The _____ was true.

10 그들은 생명의 기원을 연구하고 있다.　They're studying the _____ of life.

---

1 situation	2 exceptions	3 affairs	4 duty
5 income	6 advantage	7 knowledge	8 enemy
9 rumor	10 origin		

고등학교과정 1

Unit 55

단어를 보자 !

☐ ❶ **control** 억제(하다)
[kəntróul]

☐ ❷ **harmony** 조화
[háːrməni]

☐ ❸ **sacrifice** 희생(하다)
[sǽkrəfàis]

☐ ❹ **wealth** 부
[wélθ]

☐ ❺ **climate** 기후
[kláimit]

☐ ❻ **universe** 우주·전세계
[júːnəvə̀ːrs]

☐ ❼ **detail** 상세
[ditéil]

☐ ❽ **honor** 명예
[ánər]

☐ ❾ **tax** 세금
[tǽks]

☐ ❿ **favor** 호의
[féivər]

자주 사용되는 표현을 익히자!

❶ It was out of control. 손 쓸 방법이 없었다.

❸ I made the sacrifice of time. 나는 시간을 희생했다.

❽ It is an honor to meet you. 만나 뵙게 돼서 영광입니다.

❾ We pay income tax. 우리는 소득세를 낸다.

❿ Would you do me a favor? 부탁이 하나 있습니다.

파생어 · 관련어

❷ harmónious 잘 조화된　❹ wéalthy 유복한　❻ univérsal 보편적인
❽ hónorable 명예로운　❿ fávorable 호의적인

영어로 말해보자!

1   나는 시간을 희생했다.   I made the _____ of time.

2   우리는 소득세를 낸다.   We pay income _____.

3   건강이 재산보다 중요하다.   Health is more important than
                                _____.

4   기후는 따뜻했다.   The _____ was mild.

5   손 쓸 방법이 없었다.   It was out of _____.

6   그녀는 상세한 것을 나에게   She didn't tell me the _____.
    말하지 않았다.

7   부탁이 하나 있습니다.   Would you do me a _____?

8   조화와 균형이 중요하다.   _____ and balance are
                                important.

9   만나 뵙게 돼서 영광입니다.   It is an _____ to meet you.

10 우주는 확장하고 있다.   The _____ is expanding.

고등학교과정 1

---

1 sacrifice   2 tax   3 wealth   4 climate   5 control
6 details   7 favor   8 Harmony   9 honor   10 universe

121

Unit 56

단어를 보자!

☐ ❶ **rate** 비율
[réit]

☐ ❷ **trade** 무역(하다)
[tréid]

☐ ❸ **decade** 10년
[dékeid]

☐ ❹ **concern** 관심 · 관계(하다)
[kənsə́:rn]

☐ ❺ **exercise** 운동(하다)
[éksərsàiz]

☐ ❻ **labor** 노동
[léibər]

☐ ❼ **scene** 장면
[síːn]

☐ ❽ **broadcast** 방송(하다)
[brɔ́:dkæst]

☐ ❾ **resource** 자원
[ríːsɔːrs]

☐ ❿ **sum** 합계
[sám]

자주 사용되는 표현을 익히자!

❹ Thank you for your concern.   배려해 주셔서 감사합니다.

❺ You should do some exercise.   너는 운동을 좀 해야 해.

❼ It was an impressive scene.   그것은 인상적인 장면이었다.

❽ This is a live broadcast.   이것은 생방송이다.

❿ He has a large sum of money.   그는 거액을 가지고 있다.

파생어 · 관련어

❻ labórious 근면한   ❼ scénery 풍경   ❾ resóurceful 자원이 풍부한

영어로 말해보자!

고등학교과정 1

1 그들은 풍부한 자원을 가지고 They have rich _____.
   있다.

2 배려해 주셔서 감사합니다. Thank you for your _____.

3 그들은 자유무역협정에 반대한다. They oppose the free _____ agreement.

4 그것은 인상적인 장면이었다. It was an impressive _____.

5 나는 육체노동을 좋아한다. I like manual _____.

6 그것은 과거 10년간 크게 변했다. It has changed greatly in the last _____.

7 너는 운동을 좀 해야 해. You should do some _____.

8 이것은 생방송이다. This is a live _____.

9 이자율이 낮다. Interest _____ are low.

10 그는 거액을 가지고 있다. He has a large _____ of money.

---

1 resources 2 concern   3 trade   4 scene   5 labor
6 decade   7 exercise 8 broadcast 9 rates   10 sum

Unit 57

단어를 보자!

□ ❶ **fuel** 연료
[fjúːəl]

□ ❷ **access** 접근 방법
[ǽkses]

□ ❸ **period** 기간
[pí(ə)riəd]

□ ❹ **creature** 창조물
[kríːtʃər]

□ ❺ **fare** 운임
[féər]

□ ❻ **author** 저자
[ɔ́ːθər]

□ ❼ **role** 역할
[róul]

□ ❽ **forecast** 예보(하다)
[fɔ́ːrkæ̀st]

□ ❾ **novel** 소설·새로운
[návəl]

□ ❿ **biology** 생물학
[baiálədʒi]

자주 사용되는 표현을 익히자!

---

❶ We have little fuel left. 연료가 거의 남아 있지 않다.

❷ I have no access to the 인터넷을 이용할 방법이 없다.
Internet.

❺ How much is the bus fare? 버스 요금은 얼마입니까?

❽ What does the weather 일기 예보에서는 뭐라고 합니까?
forecast say?

❾ I'm writing a novel. 나는 소설을 쓰고 있다.

파생어 · 관련어

❸ periódical 정기적인 ❿ biológical 생물학적인

NOTES : ❷ 네트워크에 액세스하다   ❼ 롤 플레이   ❿ 바이오테크놀로지

영어로 말해보자!

1 버스 요금은 얼마입니까?
How much is the bus _____?

2 그녀는 중요한 역할을 하고 있다.
She plays an important _____.

3 그것은 상상 속의 생물이다.
It is an imaginary _____.

4 인터넷을 이용할 방법이 없다.
I have no _____ to the Internet.

5 일기예보에서는 뭐라고 합니까?
What does the weather _____ say?

6 그녀는 오랫동안 이곳에서 일하고 있다.
She has worked here for a long _____ of time.

7 연료가 거의 남아 있지 않다.
We have little _____ left.

8 나는 생물학을 전공합니다.
I'm majoring in _____.

9 나는 소설을 쓰고 있다.
I'm writing a _____.

10 저자는 무엇을 말하고 싶어 합니까?
What does the _____ want to say?

---

1 fare   2 role   3 creature   4 access   5 forecast
6 period   7 fuel   8 biology   9 novel   10 author

Unit 58

단어를 보자 !

□ ❶ **genius** 천재
[dʒí:njəs]

□ ❷ **motive** 동기
[móutiv]

□ ❸ **volume** 양
[válju:m]

□ ❹ **phenomenon** 현상
[finámənàn]

□ ❺ **lie** 거짓말·눕다
[lái]

□ ❻ **issue** 문제·발행하다
[íʃu:]

□ ❼ **attempt** 시도(하다)
[ətémpt]

□ ❽ **technology** 과학 기술
[teknálədʒi]

□ ❾ **occupation** 직업
[àkjupéiʃən]

□ ❿ **race** 인종·경주
[réis]

자주 사용되는 표현을 익히자!

❹ It is a natural phenomenon. 그것은 자연현상이다.

❺ She told a lie. 그녀는 거짓말을 했다.

❻ This is a big issue. 이것은 큰 문제이다.

❽ They developed a new technology. 그들은 새로운 기술을 개발했다.

❾ What is your occupation? 당신의 직업은 무엇입니까?

파생어 · 관련어

❷ mótivate 동기를 부여하다   ❹ (복수형) phenómena
❺ láy （laid/laid）놓다눕히다   ❽ technológical 기술의
❾ occupátional 직업의   ❿ rácial 인종의

126

고등학교과정 1

영어로 말해보자!

1 당신의 직업은 무엇입니까?   What is your _____?

2 그녀는 거짓말을 했다.   She told a _____.

3 나는 몇 번이나 시도했다.   I made several _____.

4 이것은 큰 문제이다.   This is a big _____.

5 그들은 새로운 기술을 개발했다.   They developed a new
                              _____.

6 그 양은 남을 정도였다.   The _____ was more than
                              enough.

7 그들은 인종 문제가 있다.   They have a _____ problem.

8 그 소녀는 수학의 천재이다.   The girl is a math _____.

9 살인 동기는 무엇인가?   What is the _____ of the murder?

10 그것은 자연현상이다.   It is a natural _____.

1 occupation 2 lie 3 attempts 4 issue 5 technology
6 volume 7 race 8 genius 9 motive 10 phenomenon

Unit 59

단어를 보자 !

- [ ] ❶ **contrast** 대조
  [kántræst]

- [ ] ❷ **enthusiasm** 열의
  [inθú:ziæzm]

- [ ] ❸ **means** 수단
  [mí:nz]

- [ ] ❹ **disaster** 재해
  [dizǽstər]

- [ ] ❺ **project** 계획·투영하다
  명[prádʒekt] 동[prədʒékt]

- [ ] ❻ **function** 기능(을 다하다)
  [fʌ́ŋkʃən]

- [ ] ❼ **crop** 작물
  [kráp]

- [ ] ❽ **species** 종
  [spí:ʃi:z]

- [ ] ❾ **brain** 뇌
  [bréin]

- [ ] ❿ **status** 지위
  [stéitəs]

자주 사용되는 표현을 익히자!

❸ I used every possible means.　　나는 가능한 모든 수단을 사용했다.

❹ It is a man-made disaster.　　그것은 인재이다.

❼ They grow crops.　　그들은 작물을 재배한다.

❾ Use your brain.　　머리를 써라.

❿ He desires high status.　　그는 높은 지위를 원한다.

파생어 · 관련어

❷ enthusiástic 열광적인　❹ disástrous 비참한
❻ fúnctional 기능의

고등학교과정 1

영어로 말해보자!

1 이것은 대규모 계획이다.   This is a huge _____.

2 그 종은 절멸할 것이다.   The _____ is dying out.

3 그들은 작물을 재배한다.   They grow _____.

4 그 장치에는 많은 기능이 있다.   The device has many _____.

5 그는 높은 지위를 원한다.   He desires high _____.

6 그의 말은 그의 행동과 극히   His words are in sharp
   대조적이다.   _____ to his actions.

7 그것은 인재이다.   It is a man-made _____.

8 나는 모든 가능한 수단을   I used every possible _____.
   사용했다.

9 우리는 그들을 열렬히 환영했다.   We welcomed them with
   _____.

10 머리를 써라.   Use your _____.

---

1 project	2 species	3 crops	4 functions	5 status
6 contrast	7 disaster	8 means	9 enthusiasm	10 brain

Unit 60

단어를 보자!

☐ ❶ **modern** 현대의
[mádərn]

☐ ❷ **ancient** 고대의
[éinʃənt]

☐ ❸ **ordinary** 보통의
[ɔ́:rd(ə)nèri]

☐ ❹ **common** 공통의·
[kámən] 진부한

☐ ❺ **serious** 진지한·심각한
[sí(ə)riəs]

☐ ❻ **sudden** 돌연한
[sʌ́dn]

☐ ❼ **certain** 틀림 없는·어떤
[sə́:rtn]

☐ ❽ **similar** 유사한
[símələr]

☐ ❾ **personal** 개인의
[pə́:rs(ə)nl]

☐ ❿ **terrible** 심한
[térəbl]

자주 사용되는 표현을 익히자!

❸ We are ordinary people. 우리는 보통의 인간입니다.

❹ It is common knowledge. 그것은 누구나 알고 있다.

❺ Are you serious? 진심이니?

❾ Can I ask a personal 개인적인 질문을 해도 됩니까?
question?

❿ You look terrible. 매우 지쳐 보이는군요.

파생어 · 관련어

❺ sériousness 진지함 ❼ cértainty 확실함 ❽ similárity 비슷함
❾ personálity 개성 ❿ térror 공포 terrífic 훌륭한

130

NOTES : ❶ 모던한 디자인 ❻ 서든데스 (sudden death - 동점일 때 한 쪽이 득점하면 끝나는 연장전)

영어로 말해보자!

1 진심이니?   Are you _____ ?

2 그것들은 모양이 닮았다.   They are _____ in shape.

3 그것은 갑작스러운 일이었다.   It was a _____ event.

4 우리는 보통의 인간입니다.   We are _____ people.

5 개인적인 질문을 해도 됩니까?   Can I ask a _____ question?

6 그것은 누구나 알고 있다.   It is _____ knowledge.

7 그는 틀림없이 선출될 것이다.   He is _____ to be chosen.

8 나는 고대사를 공부한다.   I study _____ history.

9 매우 지쳐 보이는군요.   You look _____ .

10 그 디자인은 매우 현대적이다.   The design is very _____ .

고등학교과정 1

1 serious   2 similar   3 sudden   4 ordinary   5 personal
6 common   7 certain   8 ancient   9 terrible   10 modern

131

Unit 61

단어를 보자 !

□ ❶ **worth** 가치가 있는
[wɔ́ːrθ]

□ ❷ **fit** 적당한·어울리는
[fít]

□ ❸ **obvious** 명백한
[ábviəs]

□ ❹ **anxious** 근심하여·갈망하여
[ǽŋ(k)ʃəs]

□ ❺ **likely** ~할 것 같은
[láikli]

□ ❻ **global** 지구상의
[glóubəl]

□ ❼ **curious** 호기심이 강한·
[kjú(ə)riəs] 신기한

□ ❽ **responsible** 책임이 있는
[rispánsəbl]

□ ❾ **independent** 독립한
[indipéndənt]

□ ❿ **tough** 성가신·단단한
[tʌ́f]

자주 사용되는 표현을 익히자!

❶ It is worth trying. 그것은 해 볼 가치가 있다.

❺ It is likely to rain. 비가 올 것 같다.

❻ I'm concerned about global 지구 온난화가 걱정이다.
warming.

❼ I'm just curious. 단지 알고 싶은 것뿐이다.

❿ This is a tough question. 이것은 성가신 문제이다.

❷ fítness 적합·건강 ❹ anxíety 걱정 ❻ glóbe 지구
❼ curiósity호기심 ❽ responsibílity 책임 ❾ indepéndence 독립
❿ tóughness 단단함

NOTES : ❷ 피트하다(옷이 딱 맞다) ❻ 글로벌(세계)화

영어로 말해보자!

1 이 결과는 그에게 책임이 있습니다.　　　He is _____ for this result.

2 그것은 해 볼 가치가 있다.　　　It is _____ trying.

3 그는 신체가 건강하다.　　　He is physically _____.

4 이것은 성가신 문제이다.　　　This is a _____ question.

5 그의 미래가 걱정이다.　　　I'm _____ about his future.

6 그녀는 부모로부터 독립해 있다.　　　She is _____ of her parents.

7 비가 올 것 같다.　　　It is _____ to rain.

8 단지 알고 싶은 것뿐이다.　　　I'm just _____.

9 그것은 명백한 거짓말이다.　　　It is an _____ lie.

10 지구 온난화가 걱정이다.　　　I'm concerned about _____ warming.

고등학교과정 1

---

1 responsible　2 worth　3 fit　4 tough　5 anxious
6 independent　7 likely　8 curious　9 obvious　10 global

133

Unit 62

단어를 보자 !

□ ❶ **familiar** 친밀한
[fəmíljər]

□ ❷ **rapid** 빠른
[rǽpid]

□ ❸ **daily** 일상의
[déili]

□ ❹ **positive** 긍정적인
[pázətiv]

□ ❺ **negative** 부정적인
[négətiv]

□ ❻ **aware** 알아차린
[əwéər]

□ ❼ **excellent** 우수한
[éksələnt]

□ ❽ **strict** 엄격한
[stríkt]

□ ❾ **pure** 순수한
[pjúər]

□ ❿ **exact** 정확한
[igzǽkt]

자주 사용되는 표현을 익히자!

❶ He is familiar with gardening. 그는 원예에 정통하다.

❸ I bought some daily necessities. 나는 일용품을 샀다.

❹ Be more positive. 더욱 긍정적이 되어라.

❼ Your work is excellent. 당신의 작품은 뛰어납니다.

❿ Do you know the exact time? 정확한 시간을 아십니까?

파생어 · 관련어

❶ familiárity 친밀 ❻ awáreness 의식
❼ excél 탁월하다 éxcellence 탁월 ❾ púrity 순수

134

영어로 말해보자!

1 공기가 맑다.   The air is _____.

2 더욱 긍정적이 되어라.   Be more _____.

3 정확한 시간을 아십니까?   Do you know the _____ time?

4 그는 모든 것에 부정적이다.   He is _____ about everything.

5 당신의 작품은 뛰어납니다.   Your work is _____.

6 그는 원예에 정통하다.   He is _____ with gardening.

7 나는 그 오류를 알아차리지   I wasn't _____ of the error.
   못했다.

8 아버지는 엄격하시다.   My father is _____.

9 나는 일용품을 샀다.   I bought some _____
                                 necessities.

10 그 빠른 흐름은 그를 놀라게 했다.   The _____ current surprised
                                 him.

고등학교 과정 1

---

1 pure   2 positive   3 exact   4 negative   5 excellent
6 familiar   7 aware   8 strict   9 daily   10 rapid

135

Unit 63

단어를 보자!

☐ ❶ **relative** 상대적인·친척
[rélətiv]

☐ ❷ **absolute** 절대적인
[æ̀bsəlúːt]

☐ ❸ **mild** 온순한
[máild]

☐ ❹ **flexible** 유연한
[fléksəbl]

☐ ❺ **public** 공공의
[pʌ́blik]

☐ ❻ **fundamental** 기본적인
[fʌ̀ndəméntl]

☐ ❼ **nuclear** 핵의
[n(j)úːkliər]

☐ ❽ **conscious** 자각하고 있는
[kánʃəs]

☐ ❾ **various** 다양한
[vé(ə)riəs]

☐ ❿ **practical** 실용적인
[prǽktikəl]

자주 사용되는 표현을 익히자!

❸ The climate is mild.   기후는 따뜻합니다.

❹ She is flexible in thinking.   그녀는 생각이 유연하다.

❼ We are a nuclear family.   우리는 핵가족입니다.

❽ I'm conscious of my health.   내 자신의 건강을 자각하고 있습니다.

❿ This is not a practical way.   이것은 실용적인 방법이 아니다.

파생어 · 관련어

❶ relatívity 상대성   ❹ flexibílity 유연성   ❻ foundátion 기초
❽ cónsciousness 의식   ❾ váry 바꾸다   varíety 종류

영어로 말해보자!

고등학교과정 1

1 나는 다양한 사람을 만났다.   I met _____ people.

2 이것은 실용적인 방법이 아니다.   This is not a _____ way.

3 그는 절대적인 권력을 가지고 있다.   He has _____ power.

4 성공은 비교적 쉽게 찾아왔다.   Success came with _____ ease.

5 나는 공공 교통기관을 이용한다.   I use _____ transportation.

6 내 자신의 건강을 자각하고   I'm _____ of my health.
   있습니다.

7 우리는 핵가족입니다.   We are a _____ family.

8 이것은 기본적인 규칙이다.   This is a _____ rule.

9 그녀는 생각이 유연하다.   She is _____ in thinking.

10 기후는 따뜻합니다.   The climate is _____.

1 various   2 practical   3 absolute   4 relative   5 public
6 conscious   7 nuclear   8 fundamental   9 flexible   10 mild

137

Unit 64

단어를 보자 !

□ ❶ **slight** 약간의
[sláit]

□ ❷ **previous** 앞의
[prí:viəs]

□ ❸ **available** 유효한
[əvéiləbl]

□ ❹ **gentle** 부드러운
[dʒéntl]

□ ❺ **official** 공식의
[əfíʃəl]

□ ❻ **actual** 실제의
[ǽktʃuəl]

□ ❼ **local** 지방의
[lóukəl]

□ ❽ **patient** 인내심이 있는
[péiʃənt]

□ ❾ **calm** 냉정한
[ká:m]

□ ❿ **false** 허위의
[fɔ́:ls]

자주 사용되는 표현을 익히자!

❶ There was a slight
difference.
약간의 차이가 있었습니다.

❸ I'm available on Sunday.
일요일이라면 만날 수 있습니다.

❺ This is an official record.
이것은 공식기록입니다.

❽ Thanks for being patient.
잘 참아 줘서 고마워.

❾ She is always calm.
그녀는 항상 냉정하다.

파생어 · 관련어

❸ availabílity 유용성　❹ géntleness 상냥함
❽ pátience 인내　impátient 성급한

138

영어로 말해보자!

1　이것은 공식기록입니다.　This is an ＿＿＿＿ record.

2　우리는 실제 숫자는 모릅니다.　We don't know the ＿＿＿＿ number.

3　이것은 지방 특유의 맥주이다.　This is a ＿＿＿＿ beer.

4　그녀는 항상 냉정하다.　She is always ＿＿＿＿.

5　일요일이라면 만날 수 있습니다.　I'm ＿＿＿＿ on Sunday.

6　나는 그 전날에 그와 만났다.　I met him on the ＿＿＿＿ day.

7　약간의 차이가 있었습니다.　There was a ＿＿＿＿ difference.

8　그는 가명을 썼다.　He used a ＿＿＿＿ name.

9　잘 참아 줘서 고마워.　Thanks for being ＿＿＿＿.

10　그녀는 부드러운 목소리를 가지고 있다.　She has a ＿＿＿＿ voice.

고등학교 교과정 1

---

1 official　2 actual　3 local　4 calm　5 available
6 previous　7 slight　8 false　9 patient　10 gentle

139

Unit 65

단어를 보자 !

□ ❶ **evident** 명백한
[évədənt]

□ ❷ **proper** 알맞은
[prápər]

□ ❸ **recent** 최근의
[rí:snt]

□ ❹ **specific** 특정의
[spisífik]

□ ❺ **entire** 전체의
[intáiər]

□ ❻ **physical** 신체의·물리적인
[fízikəl]

□ ❼ **mental** 정신적인
[méntl]

□ ❽ **accurate** 정확한
[ǽkjurət]

□ ❾ **broad** 폭이 넓은
[brɔ́:d]

□ ❿ **capable** 유능한
[kéipəbl]

자주 사용되는 표현을 익히자!

❷ It's not a proper expression.   그것은 알맞은 표현이 아니다.

❸ This is a recent trend.   이것이 최근의 경향입니다.

❹ Would you be more specific?   더 구체적으로 말씀해 주시겠습니까?

❻ I had a physical check-up.   나는 건강진단을 받았다.

❽ The calculation was accurate.   그 계산은 정확했다.

파생어 · 관련어

❶ évidence 증거
❸ récently 최근
❹ specificátion 명확히 말하기[적기]
❼ mentálity 지성
❽ áccuracy 정확
❾ bréadth 폭
❿ capabílity 능력

영어로 말해보자!

1 암산을 사용하는 편이 빠르다.　　It's faster to use _____ calculation.

2 그녀는 능력있는 지도자다.　　She is a _____ leader.

3 나는 건강진단을 받았다.　　I had a _____ check-up.

4 그의 무죄는 명백하다.　　His innocence is _____.

5 더 구체적으로 말씀해 주시겠습니까?　　Would you be more _____?

6 이것이 최근의 경향입니다.　　This is a _____ trend.

7 그 계산은 정확했다.　　The calculation was _____.

8 그는 폭넓은 지식을 가지고 있다.　　He has _____ knowledge.

9 그것은 나라 전체에 영향을 준다.　　It in uences the _____ nation.

10 그것은 알맞은 표현이 아니다.　　It's not a _____ expression.

---

1 mental　2 capable　3 physical　4 evident　5 specific
6 recent　7 accurate　8 broad　9 entire　10 proper

Unit 66

단어를 보자!

□ ❶ **adequate** 충분한·
　　[ǽdikwət] 　　적임인

□ ❷ **ideal** 이상적인
　　[aidí:(ə)l]

□ ❸ **apparent** 명백한·
　　[əpǽrənt] 　　외관상의

□ ❹ **noble** 고귀한
　　[nóubl]

□ ❺ **considerable** 상당한
　　[kənsídərəbl]

□ ❻ **regular** 규칙적인
　　[régjulər]

□ ❼ **keen** 예리한
　　[kíːn]

□ ❽ **significant** 중요한
　　[signífikənt]

□ ❾ **essential** 본질적인·
　　[isénʃəl] 　　필수의

□ ❿ **accustomed** 습관이 된
　　[əkʌ́stəmd]

자주 사용되는 표현을 익히자!

❷ You live an ideal life. 당신은 이상적인 생활을 하고 있군요.

❺ I paid a considerable amount 나는 상당한 금액을 지불했다.
　 of money.

❻ You need regular exercise. 당신은 정기적인 운동이 필요합니다.

❾ It is an essential part of life. 그것은 생활의 본질적인 부분이다.

❿ I'm accustomed to the heat. 나는 더위에 익숙해져 있다.

파생어 · 관련어

❸ appéar 나타나다　❺ consíderate 이해심이 많은
❻ regulárity 규칙 바름　irrégular 불규칙한　❽ signíficance 중요성
❾ éssence 본질

NOTES : ④ 노블리스 오블리제(귀족의 의무)　⑨ 엣센스

영어로 말해보자!

1 당신은 정기적인 운동이
   필요합니다.

You need _____ exercise.

2 그것은 생활의 본질적인 부분이다.

It is an _____ part of life.

3 우리는 충분한 수입이 있다.

We have an _____ income.

4 중대한 변경은 없습니다.

There is no _____ change.

5 나는 더위에 익숙해져 있다.

I'm _____ to the heat.

6 나는 상당한 금액을 지불했다.

I paid a _____ amount of
money.

7 그녀는 고귀한 태생이다.

She is of _____ birth.

8 당신은 이상적인 생활을 하고
   있군요.

You live an _____ life.

9 우리의 실패는 명백하다.

Our failure was _____.

10 그는 예리한 미적 감각을
   가지고 있다.

He has a _____ sense of beauty.

---

1 regular　　2 essential　　3 adequate　　4 significant
5 accustomed　6 considerable　7 noble　　8 ideal
9 apparent　　10 keen

143

Unit 67

단어를 보자!

- [ ] **❶ extra** 여분의
  [ékstrə]

- [ ] **❷ steady** 안정된
  [stédi]

- [ ] **❸ ashamed** 부끄러워하는
  [əʃéimd]

- [ ] **❹ major** 대다수의·전공
  [méidʒər]

- [ ] **❺ minor** 작은 쪽의
  [máinər]

- [ ] **❻ elementary** 기본의
  [èləmént(ə)ri]

- [ ] **❼ intellectual** 지적인
  [ìntəléktʃuəl]

- [ ] **❽ current** 현재의·흐름
  [kə́rənt]

- [ ] **❾ reasonable** 적당한·
  [rí:z(ə)nəbl] 합리적인

- [ ] **❿ tropical** 열대의
  [trápikəl]

자주 사용되는 표현을 익히자!

❶ There is no extra **time.** 여유 시간이 없다.

❷ He has a steady **job.** 그는 안정된 직업을 가지고 있다.

❸ I'm ashamed **of myself.** 내 자신이 부끄럽다.

❻ She goes to elementary **school.** 그 아이는 초등학교에 다니고 있다.

❾ It was a reasonable **price.** 그것은 적당한 가격이었다.

파생어·관련어

❸ sháme 부끄럼 ❹ majórity 다수 ❺ minórity 소수 ❻ élement 요소
❼ íntellect 지성 ❽ cúrrency 통화 ❾ réason 이유

144

영어로 말해보자!

1 체스는 지적인 게임이다.　　　Chess is an ＿＿＿＿ game.

2 그는 안정된 직업을 가지고 있다.　He has a ＿＿＿ job.

3 나는 열대어를 기른다.　　　　I keep ＿＿＿ fish.

4 그 아이는 초등학교에 다니고 있다.　She goes to ＿＿＿＿ school.

5 약간의 불편은 있었다.　　　　There was a ＿＿＿＿
　　　　　　　　　　　　　　inconvenience.

6 여유 시간이 없다.　　　　　There is no ＿＿＿ time.

7 그가 현 시장입니다.　　　　He is the ＿＿＿＿ mayor.

8 내 자신이 부끄럽다.　　　　I'm ＿＿＿＿ of myself.

9 그것은 적당한 가격이었다.　　It was a ＿＿＿＿ price.

10 나는 메이저 리그의 팬입니다.　I'm a fan of ＿＿＿ League
　　　　　　　　　　　　　　Baseball.

고등학교과정 1

---

1 intellectual　2 steady　3 tropical　4 elementary

5 minor　6 extra　7 current　8 ashamed

9 reasonable　10 Major

영어 공부에 많은 시간을 투자하면서도 고등학교 1학년 때와 비교해 3학년 때에 「뜻을 알고 있는 단어」의 수가 늘지 않은 것은 그리 신기한 일이 아닙니다. 이것은 「본 적이 있는 단어」만이 점점 늘어나고 있기 때문입니다. 이렇게 되지 않기 위해서는 이 단어들을 사용하는 연습을 해야 합니다. 특히 Group 2는 이 책의 중심이 되는 부분 입니다. 이를 명심하고 Vocabulary의 기초를 확실히 쌓읍시다.

Group 2의 불규칙 동사

현재	과거	과거분사			
feed	fed	fed	deal	dealt	dealt
spread	spread	spread	(명사 11) lie(눕다)	lay	lain

※ 발음기호에 익숙하지 않은 사람도 이것만 알면 정확한 발음을 할 수 있습니다.

[ʌ] cut   [æ] cat   [ɑ] hot   [ə:] work
[ɔ:] ball   [θ] three   [ð] this   [ʃ] ship
[ʒ] usually   [tʃ] much   [dʒ] jam   [j] yes

Group3 UNIT 68-102

고등학교 과정 2

Unit 68

단어를 보자!

□ ❶ **separate** 분리하다
[sépərèit]

□ ❷ **consume** 소비하다
[kənsú:m]

□ ❸ **advance** 나아가다·전진
[ædvǽns]

□ ❹ **refer** 언급하다·
[rifə́:r] 참조하다

□ ❺ **endure** 견디다
[ind(j)úər]

□ ❻ **pour** 붓다
[pɔ́:r]

□ ❼ **greet** 인사하다
[grí:t]

□ ❽ **identify** 확인하다·
[aidéntəfái] 동일시하다

□ ❾ **attract** 끌다
[ətrǽkt]

□ ❿ **involve** 연루시키다
[inválv]

자주 사용되는 표현을 익히자!

❹ Are you referring to me? 저에 대해 말하고 계십니까?

❺ We endured the cold. 우리는 추위를 견뎠다.

❻ I poured some water. 나는 물을 조금 부었다.

❾ It attracted our attention. 그것은 우리의 주의를 끌었다.

❿ She was involved in trouble. 그녀는 분쟁에 휘말렸다.

파생어 · 관련어

❶ separátion 분리 ❷ consúmption 소비 ❹ réference 언급·참조
❺ endúrance 인내 ❽ identificátion 신분증명 ❾ attráction 매력
❿ invólvement 말려듦

148

영어로 말해보자!

1 우리는 막대한 양의 에너지를
   소비한다.

We _____ a huge amount
of energy.

2 그것은 우리의 주의를 끌었다.

It _____ our attention.

3 우리는 추위를 견뎠다.

We _____ the cold.

4 그들은 두 그룹으로 나뉘었다.

They were _____ into two
groups.

5 그녀는 분쟁에 휘말렸다.

She was _____ in trouble.

6 나는 그에게 영어로 인사했다.

I _____ him in English.

7 저에 대해 말하고 계십니까?

Are you _____ to me?

8 나는 상급 코스를 골랐다.

I took the _____ course.

9 내 이름을 댔다.

I _____ myself.

10 나는 물을 조금 부었다.

I _____ some water.

고등학교과정 2

1 consume   2 attracted   3 endured   4 separated
5 involved   6 greeted   7 referring   8 advanced
9 identified   10 poured

Unit 69

단어를 보자 !

□ ❶ **possess** 소유하다
[pəzés]

□ ❷ **appreciate** 평가하다
[əprí:ʃièit]

□ ❸ **establish** 설립하다
[istǽbliʃ]

□ ❹ **vary** 바꾸다
[vé(ə)ri]

□ ❺ **connect** 연결되다
[kənékt]

□ ❻ **rescue** 구조(하다)
[réskju:]

□ ❼ **adapt** 순응하다
[ədǽpt]

□ ❽ **transform** 변형하다
[trænsfɔ́:rm]

□ ❾ **perceive** 인지하다
[pərsí:v]

□ ❿ **complicate** 복잡하게 하다
[kámpləkèit]

자주 사용되는 표현을 익히자!

❷ I appreciate **your kindness.** 친절에 감사드립니다.

❸ They established **a company.** 그들은 회사를 설립했다.

❹ Tastes vary. 기호는 다양하다.

❼ She adapted **to the new surroundings.** 그녀는 새로운 환경에 적응했다.

❿ Things are complicated. 사정이 복잡하다.

파생어 · 관련어

❶ posséssion 소유 ❷ appreciátion 평가 ❸ estáblishment 설립
❹ variátion 변화 ❺ connéction 접속 ❼ adaptátion 순응
❽ transformátion 변형 ❾ percéption 지각 ❿ complicátion 복잡(화)

NOTES : ⑤ 커넥션   ⑦ 어댑터

영어로 말해보자!

1 사정이 복잡하다.   Things are _____.

2 나는 그의 의도를 알아챘다.   I _____ his intentions.

3 그녀는 새로운 환경에 적응했다.   She _____ to the new
                                    surroundings.

4 그들은 물에 빠진 소년을   They _____ a drowning boy.
   구조했다.

5 그는 많은 재산을 가지고 있다.   He _____ a lot of property.

6 그것은 레스토랑으로 새로   It was _____ into a restaurant.
   지어졌다.

7 그들은 회사를 설립했다.   They _____ a company.

8 친절에 감사드립니다.   I _____ your kindness.

9 그것들은 서로 이어져 있다.   They are _____ with one another.

10 기호는 다양하다.   Tastes _____.

고등학교 교과정 2

1 complicated   2 perceived   3 adapted   4 rescued
5 possesses   6 transformed   7 established   8 appreciate
9 connected   10 vary

Unit 70

단어를 보자 !

□ ❶ **stimulate**   자극하다
[stímjulèit]

□ ❷ **protest**   항의(하다)
동 [prətést] 명 [próutest]

□ ❸ **imply**   암시하다
[implái]

□ ❹ **arrange**   정돈하다
[əréindʒ]

□ ❺ **suspect**   의심하다 · 용의자
동 [səspékt] 명 [sʌ́spekt]

□ ❻ **hurt**   다치게 하다
[hə́:rt]

□ ❼ **cope**   대처하다
[kóup]

□ ❽ **melt**   녹다
[mélt]

□ ❾ **celebrate**   축하하다
[séləbrèit]

□ ❿ **manufacture**   제조하다
[mæ̀njufǽktʃər]

자주 사용되는 표현을 익히자!

❶ It stimulates my appetite.   그것이 나의 식욕을 자극한다.

❺ I suspect she took it.   그녀가 그것을 훔쳤을거라 의심된다.

❻ His remarks hurt me deeply.   그의 비평은 나에게 큰 고통을 주었다.

❼ He coped with the problem.   그는 그 문제에 대처했다.

❽ The snow melted.   눈이 녹았다.

파생어 · 관련어

❶ stimulátion 자극   ❸ implicátion 암시   ❹ arrángement 배치
❾ celebrátion 축하   celébrity 유명 인사

152

NOTES : ❷ 프로테스턴트(개신교) ❹ 곡을 어랜쥐(편곡)하다

영어로 말해보자!

1 우리는 의자를 정돈했다. We _____ the chairs.

2 그것이 나의 식욕을 자극한다. It _____ my appetite.

3 그것은 그의 동의를 암시한다. It _____ his agreement.

4 눈이 녹았다. The snow _____.

5 우리는 그가 무사히 돌아온 것을 축하했다. We _____ his safe return.

6 그녀가 그것을 훔쳤을거라 의심된다. I _____ she took it.

7 그 회사는 휴대폰을 제조한다. The company _____ cell phones.

8 그는 그 문제에 대처했다. He _____ with the problem.

9 그들은 경찰에 항의했다. They _____ against the police.

10 그의 비평은 나에게 큰 고통을 주었다. His remarks _____ me deeply.

고등학교과정 2

---

1 arranged   2 stimulates   3 implies   4 melted
5 celebrated   6 suspect   7 manufactures   8 coped
9 protested   10 hurt

Unit 71

단어를 보자!

☐ ❶ **purchase** 구입(하다)
[pə́:rtʃəs]

☐ ❷ **attain** 달성하다
[ətéin]

☐ ❸ **contact** 접촉(하다)
[kántækt]

☐ ❹ **resemble** 닮다
[rizémbl]

☐ ❺ **guarantee** 보증(하다)
[gæ̀rəntí:]

☐ ❻ **emphasize** 강조하다
[émfəsáiz]

☐ ❼ **investigate** 조사하다
[invéstəgèit]

☐ ❽ **owe** 빚이 있다
[óu]

☐ ❾ **expand** 확장하다
[ikspǽnd]

☐ ❿ **disturb** 방해하다
[distə́:rb]

자주 사용되는 표현을 익히자!

❸ Please contact me. 나에게 연락주세요.

❻ He emphasized the need. 그는 그 필요성을 강조했다.

❼ They investigated the case. 그들은 그 사건을 조사했다.

❾ We expanded the kitchen. 우리는 부엌을 확장했다.

❿ Don't disturb me. 방해하지 마라.

파생어 · 관련어

❷ attáinment 달성 ❹ resémblance 유사 ❻ émphasis 강조
❼ investigátion 조사 ❾ expánsion 확대 ❿ distúrbance 방해

영어로 말해보자!

1 방해하지 마라.   Don't _____ me.

2 그는 그 필요성을 강조했다.   He _____ the need.

3 나는 목표를 달성했다.   I _____ my goal.

4 우리는 부엌을 확장했다.   We _____ the kitchen.

5 그녀는 언니를 닮았다.   She _____ her sister.

6 그들은 그 사건을 조사했다.   They _____ the case.

7 당신의 만족을 약속합니다.   We _____ your satisfaction.

8 나는 낡은 집을 구입했다.   I _____ an old house.

9 당신에게 많은 신세를 지고 있다.   I _____ you a lot.

10 나에게 연락주세요.   Please _____ me.

고등학교과정 2

---

1 disturb   2 emphasized   3 attained   4 expanded

5 resembles   6 investigated   7 guarantee   8 purchased

9 owe   10 contact

Unit 72

단어를 보자!

☐ ❶ **scold** 꾸짖다
[skóuld]

☐ ❷ **conduct** 행동(하다)·안내(하다)
동 [kəndʌ́kt] 명 [kándʌkt]

☐ ❸ **interrupt** 중단하다
[ìntərʌ́pt]

☐ ❹ **acknowledge** 인정하다
[æknálidʒ]

☐ ❺ **pronounce** 발음하다
[prənáuns]

☐ ❻ **adopt** 채용하다·양자로 삼다
[ədápt]

☐ ❼ **determine** 결정하다
[ditə́:rmin]

☐ ❽ **accomplish** 성취하다
[əkámpliʃ]

☐ ❾ **instruct** 지도하다
[instrʌ́kt]

☐ ❿ **pursue** 얻으려고 애쓰다
[pərsú:]

자주 사용되는 표현을 익히자!

❶ I was scolded by my mother. 어머니에게 꾸중을 들었다.

❸ Sorry to interrupt you. 말씀 도중에 죄송합니다.

❺ How do you pronounce this word? 이 단어는 어떻게 발음합니까?

❽ We accomplished nothing. 우리는 아무것도 성취하지 못했다.

❿ Pursue your dreams. 꿈을 이루기 위해 노력해라.

파생어 · 관련어

❸ interrúption 훼방 ❹ acknówledgement 승인
❺ pronunciátion 발음 ❻ adóption 채용 ❼ determinátion 결의
❽ accómplishment 달성 ❾ instrúction 지도 ❿ pursúit 추구

NOTES : ❸ 인터럽트가 걸리다

영어로 말해보자!

1   이 단어는 어떻게 발음합니까?   How do you _____ this word?

2   당신의 노력은 인정합니다.   I _____ your efforts.

3   말씀 도중에 죄송합니다.   Sorry to _____ you.

4   어머니에게 꾸중을 들었다.   I was _____ by my mother.

5   배운 대로 하시오.   Do as _____.

6   내 아이디어가 채택되었다.   My idea was _____.

7   우리는 아무것도 성취하지 못했다.   We _____ nothing.

8   꿈을 이루기 위해 노력해라.   _____ your dreams.

9   우리는 응모자와 면접을 할 것입니다.   We will _____ interviews with applicants.

10   가격은 시장에 의해 결정된다.   The prices are _____ by the market.

고등학교과정 2

---

1 pronounce   2 acknowledge   3 interrupt   4 scolded
5 instructed   6 adopted   7 accomplished   8 Pursue
9 conduct   10 determined

Unit 73

단어를 보자!

- □ ❶ **extend** 늘리다
  [iksténd]

- □ ❷ **contribute** 공헌하다
  [kəntríbjuːt]

- □ ❸ **review** 재검토(하다)
  [rivjúː]

- □ ❹ **imitate** 흉내내다
  [ímətèit]

- □ ❺ **whisper** 속삭이다
  [(h)wíspər]

- □ ❻ **bother** 고민하게 하다
  [báðər]

- □ ❼ **display** 보여주다·표시
  [displéi]

- □ ❽ **grasp** 파악하다
  [grǽsp]

- □ ❾ **evaluate** 평가하다
  [ivǽljuèit]

- □ ❿ **assume** 가정하다·취하다
  [əsúːm]

자주 사용되는 표현을 익히자!

❷ He contributes to the community. — 그는 지역 사회에 공헌합니다.

❹ I imitated her method. — 나는 그녀의 방식을 흉내냈다.

❻ What's bothering you? — 무엇을 고민하고 있니?

❽ You don't grasp the situation. — 당신은 상황을 파악하지 못하고 있습니다.

❾ It's highly evaluated. — 그것은 높이 평가된다.

파생어 · 관련어

❶ exténsion 연장 ❷ contribútion 공헌 ❹ imitátion 모방
❾ evaluátion 평가 ❿ assúmption 가정

NOTES : ❹ 보석 이미테이션   ❼ 매장 디스플레이

영어로 말해보자!

1 그는 지역 사회에 공헌합니다.   He _____ to the community.

2 나는 그가 행복하다고 생각한다.   I _____ he is happy.

3 나는 메모를 재검토했다.   I _____ my notes.

4 나는 그녀의 방식을 흉내냈다.   I _____ her method.

5 최종 기한을 연장할 수 있을까요?   Could you _____ the deadline?

6 그녀는 낮은 목소리로 속삭였다.   She _____ in a low voice.

7 무엇을 고민하고 있니?   What's _____ you?

8 그는 훌륭한 재능을 발휘했다.   He _____ great talent.

9 그것은 높이 평가된다.   It's highly _____.

10 당신은 상황을 파악하지 못하고   You don't _____ the situation.
   있습니다.

1 contributes	2 assume	3 reviewed	4 imitated
5 extend	6 whispered	7 bothering	8 displayed
9 evaluated	10 grasp		

Unit 74

단어를 보자 !

- [ ] ① **describe** 상황을 설명하다
  [diskráib]

- [ ] ② **engage** 종사시키다
  [ingéidʒ]

- [ ] ③ **stand** 견디다·서다
  [stǽnd]

- [ ] ④ **amaze** 놀라게 하다
  [əméiz]

- [ ] ⑤ **punish** 처벌하다
  [pʌ́niʃ]

- [ ] ⑥ **envy** 부러워하다
  [énvi]

- [ ] ⑦ **neglect** 게을리 하다
  [niglékt]

- [ ] ⑧ **confront** 맞서다
  [kənfrʌ́nt]

- [ ] ⑨ **regulate** 규제하다
  [régjulèit]

- [ ] ⑩ **claim** 주장(하다)
  [kléim]

자주 사용되는 표현을 익히자!

③ I can't stand his attitude.   그의 태도를 참을 수 없다.

⑥ I envy you.   부럽습니다.

⑦ She neglected her duties.   그녀는 의무를 게을리 했다.

⑧ They confronted the crisis.   그들은 위기에 맞섰다.

⑩ I claimed my rights.   나는 내 권리를 주장했다.

파생어 · 관련어

① descríption 묘사 ② engágement 계약·약혼 ③ stándard 표준
④ amázement 깜짝 놀람 ⑤ púnishment 벌 ⑧ confrontátion 대립
⑨ regulátion 규칙

160

NOTES : ❸ 스탠드(탁상용 전등 · 계단식 관람석) ❿ 클레임(불만)을 제기하다

영어로 말해보자!

1 나는 내 권리를 주장했다.   I _____ my rights.

2 그의 태도를 참을 수 없다.   I can't _____ his attitude.

3 그들은 엄격하게 처벌받아야   They should be _____ severely.
   한다.

4 그녀는 의무를 게을리 했다.   She _____ her duties.

5 그의 연주는 놀라웠다.   His performance was _____.

6 나는 그것이 어떻게 일어났는지를   I _____ how it happened.
   설명했다.

7 그 산업은 규제를 많이 받고 있다. That industry is highly _____.

8 부럽습니다.   I _____ you.

9 그들은 위기에 맞섰다.   They _____ the crisis.

10 그녀는 웹 비즈니스에 종사하고   She is _____ in a web-based
   있다.   business.

---

1 claimed   2 stand   3 punished   4 neglected
5 amazing   6 described   7 regulated   8 envy
9 confronted   10 engaged

Unit 75

단어를 보자!

□ ❶ **destroy** 파괴하다
[distrɔ́i]

□ ❷ **insult** 모욕(하다)
동 [insʌ́lt] 명 [ínsʌlt]

□ ❸ **abandon** 단념하다
[əbǽndən]

□ ❹ **distinguish** 구별하다
[distíŋgwiʃ]

□ ❺ **overcome** 극복하다
[òuvəkʌ́m]

□ ❻ **invest** 투자하다
[invést]

□ ❼ **recall** 생각해내다
[rikɔ́:l]

□ ❽ **delight** 기쁘게 하다 ·
[diláit] 기쁨

□ ❾ **accuse** 비난하다
[əkjúːz]

□ ❿ **rob** 빼앗다
[ráb]

자주 사용되는 표현을 익히자!

❶ Nature is being destroyed. 자연이 파괴되고 있다.

❷ You're insulting me. 나를 모욕하고 있는 겁니다.

❺ She overcame her fear. 그녀는 공포심을 극복했다.

❻ I invested all the money. 나는 모든 돈을 투자했다.

❼ I can't recall his name. 그의 이름이 기억이 안 난다.

파생어 · 관련어

❶ destrúction 파괴 ❻ invéstment 투자 ❾ accusátion 비난
❿ róbbery 강도

162

영어로 말해보자!

1 그의 이름이 기억이 안 난다.   I can't _____ his name.

2 자연이 파괴되고 있다.   Nature is being _____.

3 어떻게 그것들을 구별할 수 있습니까?   How can you _____ them?

4 나는 모든 돈을 투자했다.   I _____ all the money.

5 그녀는 공포심을 극복했다.   She _____ her fear.

6 당신과 알게 되어 기쁩니다.   I'm _____ to know you.

7 나를 모욕하고 있는 겁니다.   You're _____ me.

8 남자가 나에게서 돈을 뺐었다.   A man _____ me of my money.

9 나는 그녀가 거짓말을 한 것을 비난했다.   I _____ her of lying.

10 그녀는 희망을 단념했다.   She _____ her hope.

고등학교과정 2

1 recall   2 destroyed   3 distinguish   4 invested
5 overcame   6 delighted   7 insulting   8 robbed
9 accused   10 abandoned

163

Unit 76

단어를 보자 !

- ☐ ❶ **inspect** 검사하다
  [inspékt]

- ☐ ❷ **irritate** 짜증나게 하다
  [írətèit]

- ☐ ❸ **wipe** 닦다
  [wáip]

- ☐ ❹ **convince** 확신시키다
  [kənvíns]

- ☐ ❺ **comprehend** 이해하다
  [kámprihénd]

- ☐ ❻ **edit** 편집하다
  [édit]

- ☐ ❼ **confirm** 확인하다
  [kənfə́:rm]

- ☐ ❽ **mend** 고치다
  [ménd]

- ☐ ❾ **hesitate** 주저하다
  [hézətèit]

- ☐ ❿ **advertise** 광고하다
  [ǽdvərtáiz]

자주 사용되는 표현을 익히자!

❶ I had my car inspected.   차를 검사받았다.

❷ He looks irritated.   그는 짜증나 있는 것처럼 보인다.

❹ I'm convinced of your success.   당신의 성공을 확신합니다.

❼ I confirmed my reservation.   나는 예약을 확인했다.

❾ She hesitated before saying it.   그녀는 그것을 말하기 전에 주저했다.

파생어 · 관련어

❶ inspéction 검사   ❷ irritátion 짜증나게 하기   ❹ convíction 확신
❺ comprehénsion 이해   ❼ confirmátion 확인
❾ hesitátion 주저   ❿ advertísement 선전

영어로 말해보자!

1 그들은 신제품을 선전하고 있다.　　　They _____ new products.

2 그녀는 그것을 말하기 전에 주저했다.　She _____ before saying it.

3 나는 예약을 확인했다.　　　　　　　I _____ my reservation.

4 그녀는 잡지 편집을 하고 있다.　　　　She is _____ a magazine.

5 그는 짜증나 있는 것처럼 보인다.　　　He looks _____.

6 그 의미를 이해할 수 없었다.　　　　　I couldn't _____ the meaning.

7 나는 옷을 수선했다.　　　　　　　　I _____ the clothes.

8 차를 검사받았다.　　　　　　　　　I had my car _____.

9 나는 탁자를 깨끗하게 닦았다.　　　　I _____ the table clean.

10 당신의 성공을 확신합니다.　　　　　I'm _____ of your success.

고등학교과정 2

---

1 advertise	2 hesitated	3 confirmed	4 editing
5 irritated	6 comprehend	7 mended	8 inspected
9 wiped	10 convinced		

Unit 77

단어를 보자!

□ ❶ **disappoint** 실망시키다
[dìsəpóint]

□ ❷ **seek** 찾다
[síːk]

□ ❸ **settle** 해결(정착)하다
[sétl]

□ ❹ **select** 고르다
[səlékt]

□ ❺ **prosper** 번영하다
[práspər]

□ ❻ **alter** 바꾸다
[ɔ́ːltər]

□ ❼ **detect** 검출하다
[ditékt]

□ ❽ **last** 지속하다
[lǽst]

□ ❾ **reveal** 누설하다
[rivíːl]

□ ❿ **convey** 전달하다
[kənvéi]

자주 사용되는 표현을 익히자!

❶ I was disappointed by the result. 나는 그 결과에 실망했다.

❸ That settles it. 이것으로 이야기는 끝났어.

❻ His speech altered her opinion. 그의 강연이 그녀의 의견을 바꿨다.

❽ It won't last long. 그것은 오래 지속되지는 않을 것이다.

❾ She revealed the secret. 그녀는 비밀을 누설했다.

파생어 · 관련어

❶ disappóintment 실망 ❸ séttlement 해결·정착 ❹ seléction 선택
❺ prospérity 번영 ❻ alterátion 변화 ❾ revelátion 폭로

166

NOTES : ⑨ 베일(veil)을 씌우다　⑩ 벨트 컨베이어

영어로 말해보자!

1 나는 그 결과에 실망했다.   I was _____ by the result.

2 그것은 방사능을 검출할 수 있다.   It can _____ radiation.

3 이것으로 이야기는 끝났어.   That _____ it.

4 그 도시는 항구로 번영했었다.   The city _____ as a harbor.

5 그것은 오래 지속되지는 않을 것이다.   It won't _____ long.

6 그 통지는 전달되었다.   The message was _____.

7 그의 강연이 그녀의 의견을 바꿨다.   His speech _____ her opinion.

8 나는 새로운 기회를 찾고 있다.   I'm _____ a new opportunity.

9 그는 가장 좋아 보이는 것을 골랐다.   He _____ the best looking one.

10 그녀는 비밀을 누설했다.   She _____ the secret.

고등학교과정 2

---

1 disappointed   2 detect   3 settles   4 prospered

5 last   6 conveyed   7 altered   8 seeking

9 selected   10 revealed

Unit 78

단어를 보자 !

□ ❶ **found** 창설하다
　　[fáund]

□ ❷ **preserve** 보존하다
　　[prizə́:rv]

□ ❸ **beg** 간청하다
　　[bég]

□ ❹ **rely** 의지하다
　　[rilái]

□ ❺ **drown** 물에 빠지다
　　[dráun]

□ ❻ **interpret** 해석(통역)하다
　　[intə́:rprit]

□ ❼ **accompany** 동반하다
　　[əkʌ́mp(ə)ni]

□ ❽ **persist** 고집하다
　　[pərsíst]

□ ❾ **revise** 개정하다
　　[riváiz]

□ ❿ **reflect** 반영(숙고)하다
　　[riflékt]

자주 사용되는 표현을 익히자!

❶ This organization was founded in 2000. 　　이 조직은 2000년에 창설되었다.

❸ I'm begging you. 　　부탁드립니다.

❹ You can rely on me. 　　나를 의지해도 좋다.

❻ I interpreted it as a threat. 　　나는 그것을 위협으로 해석했다.

❿ It reflects his character. 　　그것은 그의 성격을 반영한다.

파생어 · 관련어

❶ fúnd 기금　❷ preservátion 보존　❹ relíance 의존
❻ interpretátion 해석·통역　❽ persístence 고집
❾ revísion 개정　❿ refléction 반영·숙고

영어로 말해보자!

1	이것은 개정판입니다.	This is the _____ edition.
2	그것은 그의 성격을 반영한다.	It _____ his character.
3	이 조직은 2000년에 창설되었다.	This organization was _____ in 2000.
4	음식물은 얼려서 보존한다.	I _____ food by freezing it.
5	나는 그것을 위협으로 해석했다.	I _____ it as a threat.
6	하마터면 물에 빠질 뻔 했다.	I almost _____.
7	동행해도 괜찮겠습니까?	Can I _____ you?
8	부탁드립니다.	I'm _____ you.
9	그녀는 나에게 끈질기게 물었다.	She _____ in asking me.
10	나를 의지해도 좋다.	You can _____ on me.

고등학교과정 2

---

1 revised 2 reflects 3 founded 4 preserve
5 interpreted 6 drowned 7 accompany 8 begging
9 persisted 10 rely

Unit 79

단어를 보자 !

☐ **❶ nominate** 지명하다
[námənèit]

☐ **❷ release** 풀어 주다
[rilíːs]

☐ **❸ count** 가치가 있다·
[káunt] 수를 세다

☐ **❹ aim** 목표로 삼다
[éim]

☐ **❺ quarrel** 싸우다·싸움
[kwɔ́ːrəl]

☐ **❻ embarrass** 난처하게 하다
[imbǽrəs]

☐ **❼ bury** 파묻다
[béri]

☐ **❽ spare** ~ 을 할애하다
[spéər]

☐ **❾ bend** 구부리다
[bénd]

☐ **❿ pose** 제기하다·자세
[póuz]

자주 사용되는 표현을 익히자!

❹ What are you aiming at? 당신은 무엇을 의도하고 있습니까?

❺ They quarreled loudly. 그들은 큰 소리로 싸웠다.

❻ I felt embarrassed. 나는 난처했다.

❽ I have no time to spare. 여분의 시간이 없다.

❾ Bend your knees. 무릎을 구부리시오.

파생어 · 관련어

❶ nomination 지명 **❻ embarrassment** 당혹 **❼ burial** 매장

170

NOTES : ❶ 노미네이트되다 ❽ 스페어 키 ❿ 포즈를 취하다

영어로 말해보자!

1 여분의 시간이 없다.   I have no time to _____.

2 그녀는 후보자로 지명되었다.   She was _____ as a candidate.

3 그것은 아무 쓸모가 없다.   It _____ for nothing.

4 그들은 큰 소리로 싸웠다.   They _____ loudly.

5 나는 개를 풀어줬다.   I _____ the dog.

6 나는 난처했다.   I felt _____.

7 그는 그 총을 묻었다.   He _____ the gun.

8 당신은 무엇을 의도하고 있습니까?   What are you _____ at?

9 무릎을 구부리시오.   _____ your knees.

10 나는 문제를 제기했다.   I _____ a problem.

고등학교 과정 2

1 spare   2 nominated   3 counts   4 quarreled
5 released   6 embarrassed   7 buried   8 aiming
9 Bend   10 posed

171

Unit 80

단어를 보자!

□ ❶ **stretch** 펴다
[strétʃ]

□ ❷ **admire** 칭찬하다
[ædmáiər]

□ ❸ **operate** 움직이다
[ápərèit]

□ ❹ **resolve** 해결(결심)하다
[rizálv]

□ ❺ **commit** 범하다·위임하다
[kəmít]

□ ❻ **upset** 마음을 어지럽히다
[ʌpsét]

□ ❼ **handle** 취급하다
[hǽndl]

□ ❽ **relieve** 완화하다
[rilí:v]

□ ❾ **seize** 잡다
[sí:z]

□ ❿ **submit** 제출하다·
[səbmít] 복종하게 하다

자주 사용되는 표현을 익히자!

❶ I stretched my body. 기지개를 켰다.

❷ We admired his courage. 우리는 그의 용기를 칭찬했다.

❺ He committed a crime. 그는 범죄를 저질렀다.

❻ She is upset to hear the 그녀는 그 소식을 듣고 동요하고 있다.
news.

❼ Please handle this carefully. 이것은 주의해서 취급하세요.

파생어 · 관련어

❷ admirátion 칭찬 ádmirable 훌륭한 ❸ operátion 조작·수술
❹ resolútion 결의 ❽ relíef 구제 ❾ séizure 붙잡기
❿ submíssion 제출·복종

NOTES : ❶ 스트레칭   ❸ 오퍼레이터(전화교환원, 기계조작원)

영어로 말해보자!

1   이것은 주의해서 취급하세요.   Please _____ this carefully.

2   나는 그녀를 보고 안심했다.   I was _____ to see her.

3   기지개를 켰다.   I _____ my body.

4   나는 아직도 이 문제를 해결할 수   I still can't _____ this problem.
    없다.

5   리포트를 금요일까지 제출해라.   _____ your report by Friday.

6   그녀는 그 소식을 듣고   She is _____ to hear the news.
    동요하고 있다.

7   우리는 그의 용기를 칭찬했다.   We _____ his courage.

8   그녀는 그것을 능숙하게   She _____ it skillfully.
    조작했다.

9   그는 범죄를 저질렀다.   He _____ a crime.

10 그는 내 손을 잡았다.   He _____ my hand.

고등학교과정2

1 handle   2 relieved   3 stretched   4 resolve   5 Submit
6 upset   7 admired   8 operated   9 committed   10 seized

Unit 81

단어를 보자!

□ ❶ **recommend** 추천하다
[rèkəménd]

□ ❷ **abuse** 남용(하다)
[əbjú:z]

□ ❸ **calculate** 계산하다
[kǽlkjulèit]

□ ❹ **capture** 포착하다
[kǽptʃər]

□ ❺ **starve** 굶주리다
[stá:rv]

□ ❻ **afford** 여유가 있다
[əfɔ́:rd]

□ ❼ **correspond** 소식을 주고받다·
[kɔ̀:rəspánd] 일치하다

□ ❽ **postpone** 연기하다
[pous(t)póun]

□ ❾ **escape** 벗어나다
[iskéip]

□ ❿ **dig** 파다
[díg]

자주 사용되는 표현을 익히자!

❶ I strongly recommend her. 그녀를 강력히 추천합니다.

❸ I calculated wrong. 계산을 틀리게 했다.

❺ I'm starving to death. 배가 몹시 고파서 죽을 것 같다.

❻ I can't afford to buy a new car. 새 차를 살 여유가 없다.

❼ We correspond by e-mail. 우리는 이메일로 소식을 주고받는다.

파생어 · 관련어

❶ recommendátion 추천 ❸ calculátion 계산 ❺ starvátion 기아
❼ correspóndence 통신문

NOTES : ❹ 이미지를 캡처하다

영어로 말해보자!

1 나는 그 이미지를 캡처했다.　　　　I ＿＿＿＿ the image.

2 배가 몹시 고파서 죽을 것 같다.　　I'm ＿＿＿＿ to death.

3 그녀를 강력히 추천합니다.　　　　I strongly ＿＿＿＿ her.

4 계산을 틀리게 했다.　　　　　　　I ＿＿＿＿ wrong.

5 그녀는 권력을 남용한다.　　　　　She ＿＿＿＿ her power.

6 새 차를 살 여유가 없다.　　　　　I can't ＿＿＿＿ to buy a new car.

7 그들은 시합을 연기하기로
　 결정했다.　　　　　　　　　　　They decided to ＿＿＿＿ the game.

8 우리는 이메일로 소식을
　 주고받는다.　　　　　　　　　　We ＿＿＿＿ by e-mail.

9 그들은 화재를 면했다.　　　　　　They ＿＿＿＿ from the fire.

10 우리 개가 구멍을 파고 있었다.　　Our dog was ＿＿＿＿ a hole.

고등학교과정 2

---

1 captured	2 starving	3 recommend	4 calculated
5 abuses	6 afford	7 postpone	8 correspond
9 escaped	10 digging		

175

Unit 82

단어를 보자 !

☐ ❶ **field** 분야 · 들판
[fíːld]

☐ ❷ **tension** 긴장
[ténʃən]

☐ ❸ **rest** 휴식 · 나머지
[rést]

☐ ❹ **muscle** 근육
[mʌ́sl]

☐ ❺ **article** 기사 · 물품
[áːrtikl]

☐ ❻ **aspect** 국면
[ǽspekt]

☐ ❼ **luxury** 사치 · 호사
[lʌ́kʃəri]

☐ ❽ **harm** 해(를 끼치다)
[háːrm]

☐ ❾ **aid** 돕다 · 도움
[éid]

☐ ❿ **device** 장치
[diváis]

자주 사용되는 표현을 익히자!

❶ This is my favorite field. 이것은 내가 좋아하는 분야이다.

❸ Why don't you take a rest? 조금 쉬는 게 어때?

❹ My muscle aches. 근육이 아프다.

❼ They live a life of luxury. 그들은 호화로운 생활을 하고 있다.

❽ It won't do you any harm. 그것은 너에게 아무런 해가 되지 않을 것이다.

파생어 · 관련어

❷ ténse 긴장한   ❹ múscular 근육의   ❼ luxúrious 호화로운
❽ hármful 해로운   ❿ devíse 궁리하다

영어로 말해보자!

1 근육이 아프다.   My _____ aches.

2 이 기사를 읽었습니까?   Did you read this _____?

3 그의 말이 긴장을 완화했다.   His words eased the _____.

4 조금 쉬는 게 어때?   Why don't you take a _____?

5 먼저 그에게 처치를 해주었다.   I gave first _____ to him.

6 이것은 내가 좋아하는 분야이다.   This is my favorite _____.

7 그들은 호화로운 생활을 하고   They live a life of _____.
   있다.

8 그 계획의 어떤 면에   What _____ of the plan do you
   반대하십니까?   oppose?

9 나는 새로운 장치를 고안했다.   I came up with a new _____.

10 그것은 너에게 아무런 해가 되지   It won't do you any _____.
   않을 것이다.

고등학교과정 2

---

1 muscle   2 article   3 tension   4 rest   5 aid
6 field   7 luxury   8 aspects   9 device 10 harm

Unit 83

단어를 보자!

- ☐ ❶ **extent** 정도
  [ikstént]

- ☐ ❷ **wage** 임금·행해지다
  [wéidʒ]

- ☐ ❸ **geography** 지리
  [dʒiágrəfi]

- ☐ ❹ **shame** 부끄럼·
  [ʃéim] 유감스러운 일

- ☐ ❺ **affection** 애정
  [əfékʃən]

- ☐ ❻ **task** 일
  [tǽsk]

- ☐ ❼ **philosophy** 철학
  [filásəfi]

- ☐ ❽ **characteristic** 특징·
  [kæriktərístik] 특유의

- ☐ ❾ **outcome** 결과
  [áutkʌm]

- ☐ ❿ **range** 범위
  [réindʒ]

자주 사용되는 표현을 익히자!

- ❶ I can understand it to some extent. | 그것을 어느 정도 이해할 수 있다.

- ❷ How much is the hourly wage? | 시급은 얼마입니까?

- ❹ Shame on you. | 부끄러운 줄 알아라.

- ❻ This is not an easy task. | 이것은 간단한 일이 아니다.

- ❼ I have my own philosophy. | 나에게는 나대로의 철학이 있다.

파생어·관련어

❸ geográphical 지리적인 ❹ shámeful 부끄러운
❺ afféctionate 애정이 있는 ❼ philosóphical 철학의

영어로 말해보자!

1 이것은 간단한 일이 아니다.　　　This is not an easy _____.

2 그것은 넓은 범위를 가린다.　　　It covers a wide _____.

3 나에게는 나대로의 철학이 있다.　　I have my own _____.

4 선거결과는 어땠니?　　　　　　What was the _____ of the election?

5 그것은 젊은이들의 특징이다.　　It is a _____ of young people.

6 시급은 얼마입니까?　　　　　　How much is the hourly _____?

7 그는 가족에게 큰 애정을 가지고 있다.　He has great _____ for his family.

8 그것을 어느 정도 이해할 수 있다.　I can understand it to some _____.

9 이 지역의 지리는 모른다.　　　I don't know the _____ of this area.

10 부끄러운 줄 알아라.　　　　　_____ on you.

---

1 task　　　　2 range　　　3 philosophy　　4 outcome
5 characteristic　6 wage　　　7 affection　　8 extent
9 geography　　10 Shame

Unit 84

단어를 보자 !

□ ❶ **average** 평균
　[ǽv(ə)ridʒ]

□ ❷ **citizen** 시민
　[sítəz(ə)n]

□ ❸ **debt** 빚
　[dét]

□ ❹ **grief** 큰 슬픔
　[grí:f]

□ ❺ **insight** 통찰력
　[ínsàit]

□ ❻ **feature** 특징
　[fí:tʃər]

□ ❼ **force** 힘·강요하다
　[fɔ́ːrs]

□ ❽ **prospect** 전망
　[práspekt]

□ ❾ **conversation** 회화
　[kànvərséiʃən]

□ ❿ **instinct** 본능
　[ínstiŋkt]

자주 사용되는 표현을 익히자!

❶ On an average I sleep 6 hours. 나는 평균 6시간을 잡니다.

❷ It is a duty as a citizen. 그것은 시민으로서의 의무이다.

❹ We were filled with grief. 우리는 슬픔으로 가득했다.

❼ They increased the force. 그들은 전력을 증강했다.

❽ There is little prospect of 개선될 전망은 거의 없다.
improvement.

파생어 · 관련어

❷ cítizenship 시민권　❹ gríeve 몹시 슬퍼하다　❼ fórceful 힘찬
❾ conversátional 회화의　❿ instínctive 본능의

영어로 말해보자!

1 몇 가지 독특한 특징이 있다.　　　There are some unique _____.

2 그것은 시민으로서의 의무이다.　　It is a duty as a _____.

3 그는 많은 빚이 있다.　　　　　　He is in deep _____.

4 우리는 슬픔으로 가득했다.　　　　We were filled with _____.

5 나는 평균 6시간을 잡니다.　　　　On _____ I sleep 6 hours.

6 우리는 담소를 즐겼다.　　　　　　We enjoyed a _____.

7 그들은 전력을 증강했다.　　　　　They increased the _____.

8 나는 본능에 따랐다.　　　　　　　I followed my _____.

9 그녀의 통찰력은 날카롭다.　　　　Her _____ is keen.

10 개선될 전망은 거의 없다.　　　　　There is little _____ of improvement.

고등학교과정 2

---

1 features	2 citizen	3 debt	4 grief
5 average	6 conversation	7 force	8 instinct
9 insight	10 prospect		

Unit 85

단어를 보자 !

□ ❶ **figure** 모습·인물·숫자
[fígiər]

□ ❷ **term** 기간·용어·조건
[tə́:rm]

□ ❸ **confidence** 자신·신뢰
[kάnfədəns]

□ ❹ **lecture** 강의
[léktʃər]

□ ❺ **male** 남성(의)
[méil]

□ ❻ **female** 여성(의)
[fí:meil]

□ ❼ **incident** 사건
[ínsəd(ə)nt]

□ ❽ **ceremony** 예식
[sérəmòuni]

□ ❾ **soul** 영혼
[sóul]

□ ❿ **appetite** 식욕
[ǽpətàit]

자주 사용되는 표현을 익히자!

❶ I saw a dark figure.   나는 어두운 형상을 봤다.

❸ He showed his confidence.   그는 자신감을 보였다.

❼ It was an unexpected incident.   그것은 예상하지 못한 사건이었다.

❽ I attended a wedding ceremony.   나는 결혼식에 참석했다.

❿ I have no appetite.   식욕이 없습니다.

파생어 · 관련어

❸ cónfident 자신이 있는   confidéntial 은밀한   ❼ íncidence 발생 범위
❽ ceremónial 의식의

182

영어로 말해보자!

1 나의 영혼이 정화되었다.　　　My _____ was healed.

2 식욕이 없습니다.　　　I have no _____.

3 그것은 예상하지 못한 사건이었다.　　　It was an unexpected _____.

4 그는 자신감을 보였다.　　　He showed his _____.

5 나는 결혼식에 참석했다.　　　I attended a wedding _____.

6 반수 이상이 여성이었다.　　　More than half were _____.

7 나는 어두운 형상을 봤다.　　　I saw a dark _____.

8 그녀의 강의는 많은 학생을 끌어들였다.　　　Her _____ attracted many students.

9 이것은 남성 전용입니다.　　　This is for _____ only.

10 대통령은 4년 임기로 일한다.　　　The President serves a four year _____.

고등학교 교과정 2

---

1 soul　　2 appetite　3 incident　4 confidence　5 ceremony
6 females　7 figure　8 lecture　9 males　10 term

Unit 86

단어를 보자 !

- **① distance** 거리
  [dístəns]

- **② gratitude** 감사
  [grǽtət(j)ùːd]

- **③ poison** 독
  [pɔ́izn]

- **④ consequence** 결과
  [kánsəkwèns]

- **⑤ architecture** 건축
  [árkətèktʃər]

- **⑥ routine** 일과
  [ruːtíːn]

- **⑦ laboratory** 실험실
  [lǽb(ə)rətɔ̀ːri]

- **⑧ source** 근원
  [sɔ́ːrs]

- **⑨ appointment** 약속·임명
  [əpɔ́intmənt]

- **⑩ courtesy** 호의·예의바름
  [kə́rtəsi]

자주 사용되는 표현을 익히자!

- ② I expressed my gratitude. — 나는 감사의 뜻을 표했다.

- ⑥ He repeats the routine daily. — 그는 매일 일과를 반복한다.

- ⑧ This is the source of his vitality. — 이것이 그의 활력의 근원이다.

- ⑨ I have an appointment at one. — 1시에 약속이 있다.

- ⑩ I did it out of courtesy. — 나는 호의로 그것을 했다.

파생어 · 관련어

① dístant 먼 ③ póisonous 유독한 ⑤ árchitect 건축가
⑨ appóint 임명하다 ⑩ cóurteous 예의 바른 cóurt 법정·궁전

영어로 말해보자!

1 멀리 빛이 보였다.　　　　　　　　I saw a light in the _____.

2 나는 감사의 뜻을 표했다.　　　　　I expressed my _____.

3 그녀는 실험 조교이다.　　　　　　She is a _____ assistant.

4 이것이 그의 활력의 근원이다.　　　This is the _____ of his vitality.

5 이것은 현대건축의 일례이다.　　　This is an example of modern
　　　　　　　　　　　　　　　　　　　_____.

6 나는 호의로 그것을 했다.　　　　I did it out of _____.

7 그것은 심각한 결과를 초래했다.　It had a serious _____.

8 1시에 약속이 있다.　　　　　　　I have an _____ at one.

9 그는 매일 일과를 반복한다.　　　He repeats the _____ daily.

10 복어의 독은 매우 위험하다.　　Blowfish _____ is very
　　　　　　　　　　　　　　　　　　dangerous.

고등학교과정 2

1 distance	2 gratitude	3 laboratory	4 source
5 architecture	6 courtesy	7 consequence	8 appointment
9 routine	10 poison		

Unit 87

단어를 보자 !

□ ❶ **fate** 운명
[féit]

□ ❷ **surface** 표면
[sə́:rfis]

□ ❸ **acquaintance** 아는 사람
[əkwéint(ə)ns]

□ ❹ **slave** 노예
[sléiv]

□ ❺ **reputation** 평판
[règjutéiʃən]

□ ❻ **content** 내용·만족한
명[kántent] 형[kəntént]

□ ❼ **notion** 개념
[nóuʃən]

□ ❽ **sentiment** 감정
[séntəmənt]

□ ❾ **logic** 논리
[ládʒik]

□ ❿ **element** 요소
[éləmənt]

자주 사용되는 표현을 익히자!

❷ The surface is smooth. 표면이 매끄럽다.

❸ He is just an acquaintance. 그는 단지 아는 사람이다.

❺ The shop has a good reputation. 그 가게는 평판이 좋다.

❻ What are the contents of the box? 그 상자 안에 든 것은 무엇입니까?

❾ The story has no logic. 그 이야기는 논리적이지 않다.

파생어 · 관련어

❶ fátal 치명적인 ❸ acquáint 알려주다 ❹ slávery 노예 제도
❻ contáin 포함하다 ❽ sentiméntal 감정적인 ❾ lógical 논리적인

NOTES : ⑥ 양질의 콘텐츠 ⑧ 센티멘털해지다

영어로 말해보자!

1 표면이 매끄럽다. The _____ is smooth.

2 그것은 감정적인 문제입니다. It is a matter of _____.

3 그 이야기는 논리적이지 않다. The story has no _____.

4 그것에 대해서 분명한 생각을 I have a clear _____ of it.
   가지고 있다.

5 그 가게는 평판이 좋다. The shop has a good _____.

6 나는 노예처럼 일했다. I worked like a _____.

7 그 상자 안에 든 것은 무엇입니까? What are the _____ of the box?

8 그는 단지 아는 사람이다. He is just an _____.

9 그녀는 자신의 운명을 받아들였다. She accepted her _____.

10 우리는 여러 가지 요소를 We combined various _____.
   결합시켰다.

고등학교과정 2

1 surface 2 sentiment 3 logic 4 notion
5 reputation 6 slave 7 contents 8 acquaintance
9 fate 10 elements

187

Unit 88

단어를 보자!

□ ❶ **occasion** 기회
[əkéiʒən]

□ ❷ **expense** 비용
[ikspéns]

□ ❸ **height** 높이
[háit]

□ ❹ **tragedy** 비극
[trǽdʒədi]

□ ❺ **astronomy** 천문학
[əstránəmi]

□ ❻ **horizon** 지(수)평선
[həráizn]

□ ❼ **structure** 구조
[stráktʃər]

□ ❽ **infant** 유아
[ínfənt]

□ ❾ **harvest** 수확
[háːrvist]

□ ❿ **coast** 해안
[kóust]

자주 사용되는 표현을 익히자!

❶ I see him on occasion. 이따금씩 그를 봅니다.

❸ What is its height? 그것의 높이는 얼마입니까?

❹ A tragedy was waiting for them. 비극이 그들을 기다리고 있었다.

❼ The structure is simple. 그 구조는 단순합니다.

❾ It's time for the harvest. 수확의 시기다.

파생어 · 관련어

❶ occásional 때때로의 ❷ expénsive 값비싼 ❹ trágic 비극적인
❺ astronómical 천문학적인 ❻ horizóntal 수평의 ❼ strúctural 구조의

188

영어로 말해보자!

1 비극이 그들을 기다리고 있었다.   A _____ was waiting for them.

2 수확의 시기다.   It's time for the _____.

3 그 갓난아기는 알레르기가 있다.   The _____ has an allergy.

4 그것으로 비용을 감당할 것이다.   It will cover the _____.

5 이따금씩 그를 봅니다.   I see him on _____.

6 그것은 태평양 해안에 있습니다.   It's on the Pacific _____.

7 그것의 높이는 얼마입니까?   What is its _____?

8 그녀는 천문 팬입니다.   She is a fan of _____.

9 그 구조는 단순합니다.   The _____ is simple.

10 태양이 지평선 아래로 진다.   The sun set below the

                                 _____.

고등학교과정 2

---

1 tragedy   2 harvest   3 infant   4 expense
5 occasion   6 coast   7 height   8 astronomy
9 structure   10 horizon

Unit 89

단어를 보자!

☐ ❶ **region** 지역
[rí:dʒən]

☐ ❷ **thief** 도둑
[θí:f]

☐ ❸ **medium** 매체·중간의
[mí:diəm]

☐ ❹ **headache** 두통
[hédeik]

☐ ❺ **ambition** 야심
[æmbíʃən]

☐ ❻ **reward** 보수·보답하다
[riwɔ́:rd]

☐ ❼ **era** 시대
[í(ə)rə]

☐ ❽ **justice** 정의·재판
[dʒʌ́stis]

☐ ❾ **stuff** 재료·채우다
[stʌ́f]

☐ ❿ **weapon** 무기
[wépən]

자주 사용되는 표현을 익히자!

❷ We ran after the thief.   우리는 그 도둑을 쫓았다.

❹ I have a headache.   머리가 아픕니다.

❺ He has a big ambition.   그에게는 큰 야심이 있다.

❽ We want justice.   우리는 정의를 원합니다.

❿ They have nuclear weapons.   그들은 핵무기를 가지고 있다.

파생어 · 관련어

❶ régional 지역의   ❸ (복수형) média   ❺ ambítious 야심적인
❽ júst 올바른

영어로 말해보자!

1 머리가 아픕니다.　　　　　　　　　I have a ＿＿＿＿＿＿.

2 그 일에 대한 보수를 받지 못했다.　　I got no ＿＿＿＿＿ for the work.

3 태풍이 그 지역을 덮쳤다.　　　　　A typhoon hit the ＿＿＿＿＿.

4 그들은 핵무기를 가지고 있다.　　　They have nuclear ＿＿＿＿＿.

5 우리는 정의를 원합니다.　　　　　We want ＿＿＿＿＿.

6 새로운 시대가 시작되었다.　　　　A new ＿＿＿＿＿ has started.

7 그에게는 큰 야심이 있다.　　　　　He has a big ＿＿＿＿＿.

8 우리는 그 도둑을 쫓았다.　　　　　We ran after the ＿＿＿＿＿.

9 그런 재료가 필요합니다.　　　　　I need ＿＿＿＿＿ like that.

10 그것은 강력한 광고매체이다.　　　　It's a strong advertising
　　　　　　　　　　　　　　　　　＿＿＿＿＿.

고등학교과정 2

---

1 headache　2 reward　3 region　4 weapons　5 justice
6 era　　　7 ambition　8 thief　9 stuff　　10 medium

Unit 90

단어를 보자 !

- ❶ **liberty** 자유
  [líbərti]

- ❷ **shortage** 부족
  [ʃɔ́:rtidʒ]

- ❸ **bomb** 폭탄
  [bám]

- ❹ **sign** 기호·서명하다
  [sáin]

- ❺ **anniversary** 기념일
  [ænəvə́:rsəri]

- ❻ **impact** 충격
  [ímpækt]

- ❼ **trend** 경향
  [trénd]

- ❽ **perspective** 전망
  [pərspéktiv]

- ❾ **controversy** 논쟁
  [kántrəvə̀:rsi]

- ❿ **degree** 정도·학위
  [digrí:]

자주 사용되는 표현을 익히자!

❷ We have a shortage of water. 우리는 물 부족을 겪고 있습니다.

❺ Today is our wedding anniversary. 오늘은 우리 결혼기념일입니다.

❻ It made an impact on us. 그것은 우리에게 충격을 주었다.

❼ They often follow the latest trend. 그들은 최신 유행을 따르곤 한다.

❿ It gets warmer by degrees. 차츰 따뜻해지고 있다.

파생어 · 관련어

❶ líberal 자유주의의 　❼ tréndy 유행의 　❾ controvérsial 논쟁의

192

NOTES : ❹ 사인을 하다 ❻ 임팩트 요법 ❼ 최신 트렌드

영어로 말해보자!

1 차츰 따뜻해지고 있다.　　　　　It gets warmer by _____.

2 회복의 징조가 보이지 않는다.　　There is no _____ of recovery.

3 그들은 최신 유행을 따르곤 한다.　They often follow the latest
　　　　　　　　　　　　　　　_____.

4 우리는 물 부족을 겪고 있습니다.　We have a _____ of water.

5 그는 폭넓은 관점을 가지고 있다.　He has a wide _____.

6 오늘은 우리 결혼기념일입니다.　Today is our wedding _____.

7 그들은 폭탄을 투하했다.　　　　They dropped a _____.

8 그것은 우리에게 충격을 주었다.　It made an _____ on us.

9 그것은 그들 사이에 논쟁을
　　불러일으켰다.　　　　　　　It started a _____ among them.

10 우리는 자유를 쟁취했다.　　　　We won our _____.

---

1 degrees　　2 sign　　3 trends　　4 shortage　　5 perspective
6 anniversary　7 bomb　　8 impact
9 controversy　10 liberty

Unit 91

단어를 보자!

□ ❶ **profession** 직업
[prəféʃən]

□ ❷ **triumph** 대승리(를 거두다)
[tráiəmf]

□ ❸ **faith** 신뢰·신앙
[féiθ]

□ ❹ **charge** 요금·담당·
[tʃá:rdʒ] 청구하다

□ ❺ **length** 길이
[léŋ(k)θ]

□ ❻ **outlook** 전망
[áutluk]

□ ❼ **expert** 전문가
[ékspə:rt]

□ ❽ **arrow** 화살
[ǽrou]

□ ❾ **soil** 토양
[sɔ́il]

□ ❿ **treasure** 보물
[tréʒər]

자주 사용되는 표현을 익히자!

❷ Their triumph was
unexpected.
그들의 대승리는 뜻밖의 것이었다.

❺ It is 5cm in length.
그것은 길이가 5cm 입니다.

❻ The outlook is bright.
전망은 밝다.

❽ The arrow points to the left.
화살표는 왼쪽을 가리키고 있다.

❿ This is a national treasure.
이것은 국보다.

파생어 · 관련어

❶ proféssional 전문의   ❸ fáithful 충실한   ❺ léngthy 장황한

영어로 말해보자!

1   그들의 대승리는 뜻밖의 것이었다.   Their _____ was unexpected.

2   그녀는 생태학 전문가이다.   She is an _____ in ecology.

3   이것은 국보다.   This is a national _____.

4   그들은 신에게 절대적인 신앙심을 가지고 있다.   They have absolute _____ in God.

5   그것은 풍부한 토양을 가지고 있다.   It has rich _____.

6   화살표는 왼쪽을 가리키고 있다.   The _____ points to the left.

7   그것은 길이가 5cm입니다.   It is 5cm in _____.

8   그는 번역하는 일을 합니다.   His _____ is translation.

9   전망은 밝다.   The _____ is bright.

10   그들은 5달러에 요금을 설정했다.   They set the _____ at 5 dollars.

고등학교과정2

---

1 triumph   2 expert   3 treasure   4 faith   5 soil
6 arrow   7 length   8 profession   9 outlook   10 charge

Unit 92

단어를 보자 !

□ ❶ **construction** 건설
[kənstrʌ́kʃən]

□ ❷ **sympathy** 동정
[símpəθi]

□ ❸ **passenger** 승객
[pǽsəndʒər]

□ ❹ **atom** 원자
[ǽtəm]

□ ❺ **fee** 요금·사례
[fí:]

□ ❻ **capacity** 능력
[kəpǽsəti]

□ ❼ **journey** 여행
[dʒə́:rni]

□ ❽ **contract** 계약
[kántrækt]

□ ❾ **maximum** 최대량
[mǽksəməm]

□ ❿ **minimum** 최소량
[mínəməm]

자주 사용되는 표현을 익히자!

❶ It is under construction. 공사 중이다.

❷ I feel sympathy for him. 그에게 연민의 정을 느낀다.

❺ I paid the fees in advance. 나는 선금으로 요금을 지불했다.

❼ It was a long journey. 그것은 긴 여행이었다.

❽ I signed a contract. 나는 계약에 사인했다.

파생어·관련어

❶ constrúct 건설하다 ❷ sýmpathize 동정하다 ❹ atómic 원자의

196

NOTES : ⑤ 그린 피(골프 코스 사용료) ⑨ 맥시멈(최대) ⑩ 미니멈(최소)

영어로 말해보자!

1 그것은 긴 여행이었다.　　　　　It was a long _____.

2 용량이 얼마나 됩니까?　　　　　What's the storage _____?

3 공사 중이다.　　　　　　　　　It is under _____.

4 나는 계약에 사인했다.　　　　　I signed a _____.

5 나는 선금으로 요금을 지불했다.　I paid the _____ in advance.

6 최저 임금은 얼마입니까?　　　　What is the _____ wage?

7 승객은 우리 이외에 없었다.　　　There were no _____ except us.

8 그것은 곧 최고 속도에 도달했다.　It soon reached the _____ speed.

9 모든 것은 원자로 이루어져 있다.　Everything is made up of _____.

10 그에게 연민의 정을 느낀다.　　　I feel _____ for him.

고등학교과정 2

---

1 journey　　2 capacity　　3 construction　　4 contract
5 fees　　　6 minimum　　7 passengers　　8 maximum
9 atoms　　10 sympathy

Unit 93

단어를 보자 !

□ ❶ **physics** 물리
[fíziks]

□ ❷ **literature** 문학
[lít(ə)rətʃər]

□ ❸ **proof** 증거 · 증명
[prú:f]

□ ❹ **beast** 동물
[bí:st]

□ ❺ **grace** 우아
[gréis]

□ ❻ **democracy** 민주주의
[dimákrəsi]

□ ❼ **conflict** 싸움
[kánflikt]

□ ❽ **plenty** 풍부
[plénti]

□ ❾ **path** 좁은 길
[pǽθ]

□ ❿ **voyage** 항해
[vɔ́iidʒ]

자주 사용되는 표현을 익히자!

❷ I like French literature. 나는 프랑스 문학을 좋아합니다.

❸ There is no proof. 증거는 없다.

❼ We settled the conflict. 우리는 그 분쟁을 해결했다.

❽ I have plenty of time. 나는 시간이 충분히 있다.

❾ I walked along a path. 나는 좁은 길을 걸었다.

파생어 · 관련어

❶ phýsical 물리적인 ❷ líterary 문학의 ❸ próve 증명하다
❺ gráceful 우아한 ❽ pléntiful 풍부한

영어로 말해보자!

1 물리(에 관한) 지식은 전혀 없다.   I have no knowledge of _____.

2 증거는 없다.   There is no _____.

3 나는 좁은 길을 걸었다.   I walked along a _____.

4 그 짐승은 마침내 사살되었다.   The _____ was finally shot.

5 나는 프랑스 문학을 좋아합니다.   I like French _____.

6 그들은 항해를 시작했다.   They set out on a _____.

7 나는 시간이 충분히 있다.   I have _____ of time.

8 우리는 민주주의를 쟁취했다.   We won _____.

9 우리는 그 분쟁을 해결했다.   We settled the _____.

10 그녀는 우아하게 춤췄다.   She danced with _____.

고등학교과정 2

---

1 physics   2 proof   3 path   4 beast   5 literature
6 voyage   7 plenty   8 democracy   9 conflict   10 grace

Unit 94

단어를 보자!

□ ❶ **willing** 기꺼이 ~ 하는
[wíliŋ]

□ ❷ **typical** 전형적인
[típikəl]

□ ❸ **ignorant** 무지한
[ígnərənt]

□ ❹ **direct** 직접의 · 지시하다
[dirékt]

□ ❺ **rural** 시골의
[rú(ə)rəl]

□ ❻ **urban** 도시의
[ə́:rbən]

□ ❼ **convenient** 편리한
[kənví:njənt]

□ ❽ **formal** 형식적인
[fɔ́:rməl]

□ ❾ **jealous** 시기하는
[dʒéləs]

□ ❿ **miserable** 비참한
[míz(ə)rəbl]

자주 사용되는 표현을 익히자!

❶ I am willing to help you. 기꺼이 도와드리겠습니다.

❷ This is a typical Korean home. 이것은 전형적인 한국 가정입니다.

❼ When is the most convenient time? 언제가 가장 편하신 시간입니까?

❽ Don't be so formal. 그렇게 격식을 차리지 마라.

❿ I feel miserable. 비참한 기분이 든다.

파생어 · 관련어

❶ wíllingness 기꺼이 하기 ❸ ígnorance 무지 ❹ diréction 방향 · 지도
❾ jéalousy 질투 ❿ mísery 비참

200

영어로 말해보자!

1   언제가 가장 편하신 시간입니까?   When is the most _____ time?

2   이것은 뉴욕 직행편입니다.   This is a _____ flight to New York.

3   이것은 전형적인 한국 가정입니다.   This is a _____ Korean home.

4   그녀는 도시 생활을 즐긴다.   She enjoys _____ life.

5   기꺼이 도와드리겠습니다.   I am _____ to help you.

6   나는 내 여동생을 시기했다.   I was _____ of my sister.

7   그렇게 격식을 차리지 마라.   Don't be so _____.

8   그들은 시골에 살고 있다.   They live in a _____ area.

9   비참한 기분이 든다.   I feel _____.

10 나는 컴퓨터에 관해 무지하다.   I'm _____ about computers.

고등학교과정 2

---

1 convenient   2 direct   3 typical   4 urban   5 willing
6 jealous   7 formal   8 rural   9 miserable   10 ignorant

Unit 95

단어를 보자!

- ❶ **urgent** 긴급한
  [ə́:rdʒənt]

- ❷ **appropriate** 적당한
  [əpróupriət]

- ❸ **intense** 격렬한
  [inténs]

- ❹ **aggressive** 공격적인
  [əgrésiv]

- ❺ **extreme** 극단적인
  [ikstríːm]

- ❻ **odd** 묘한
  [ád]

- ❼ **royal** 왕실의
  [rɔ́iəl]

- ❽ **lazy** 게으른
  [léizi]

- ❾ **complex** 복잡한·복합체
  [kəmpléks]

- ❿ **primitive** 원시적인
  [prìmətiv]

자주 사용되는 표현을 익히자!

❶ We held an urgent meeting. 우리는 긴급회의를 열었다.

❸ They are in intense competition. 그들은 치열한 경쟁을 하고 있다.

❹ He is an aggressive player. 그는 공격적인 선수이다.

❺ It is an extreme case. 그것은 극단적인 경우이다.

❽ You are so lazy. 넌 정말 게을러.

파생어 · 관련어

❶ úrge 재촉하다 ❷ apprópriateness 타당성 ❸ inténsity 격렬함
❽ láziness 게으름

영어로 말해보자!

1 그들은 치열한 경쟁을 하고 있다. They are in _____ competition.

2 그는 공격적인 선수이다. He is an _____ player.

3 넌 정말 게을러. You are so _____.

4 그 과정은 매우 복잡하다. The process is very _____.

5 그것은 극단적인 경우이다. It is an _____ case.

6 그것은 원시적인 방법이다. This is a _____ way.

7 우리는 긴급회의를 열었다. We held an _____ meeting.

8 그녀는 왕족의 일원이다. She is a member of the _____ Family.

9 나는 기묘한 체험을 했다. I had an ____ experience.

10 당신의 옷은 적절하지 않다. Your dress is not _____.

고등학교 과정 2

---

1 intense 2 aggressive 3 lazy 4 complex 5 extreme
6 primitive 7 urgent 8 Royal 9 odd 10 appropriate

Unit 96

단어를 보자!

□ ❶ **financial** 　재정의·
　[finǽnʃəl]　금전상의

□ ❷ **civil** 　시민의
　[sívəl]

□ ❸ **sufficient** 　충분한
　[səfíʃənt]

□ ❹ **peculiar** 　특유의
　[pikjúːljər]

□ ❺ **definite** 　확실한
　[défənit]

□ ❻ **tremendous** 엄청나게 큰
　[triméndəs]

□ ❼ **silly** 　바보 같은
　[síli]

□ ❽ **frequent** 　빈번한
　[fríːkwənt]

□ ❾ **prime** 　주된
　[práim]

□ ❿ **precious** 　귀중한
　[préʃəs]

자주 사용되는 표현을 익히자!

❶ I receive financial aid. 　나는 재정상의 원조를 받고 있다.

❷ She is a civil servant. 　그녀는 공무원입니다.

❼ It's a silly joke. 　바보 같은 농담이다.

❾ He became the Prime Minister. 　그는 수상이 되었다.

❿ It was a precious moment. 　귀중한 순간이었다.

파생어 · 관련어

❶ fínance 재정·금융 　❺ defíne 정의하다 　❽ fréquency 빈도
❿ préciousness 귀중함

204

NOTES : ❶ 파이낸셜 타임즈(FT. 일간지) ❾ 프라임 뉴스

영어로 말해보자!

1 그것은 한국 특유의 것이다. It is _____ to Korea.

2 바보 같은 농담이다. It's a _____ joke.

3 우리는 엄청난 피해를 입었다. We had _____ damage.

4 그는 수상이 되었다. He became the _____ Minister.

5 귀중한 순간이었다. It was a _____ moment.

6 그녀는 공무원입니다. She is a _____ servant.

7 그들은 자금을 충분히 가지고 있다. They have _____ funds.

8 나는 재정상의 원조를 받고 있다. I receive _____ aid.

9 나는 중국을 자주 방문했다. I made _____ visits to China.

10 나는 확실한 대답을 원했다. I wanted a _____ answer.

고등학교과정2

1 peculiar 2 silly 3 tremendous 4 Prime 5 precious
6 civil 7 sufficient 8 financial 9 frequent 10 definite

Unit 97

단어를 보자 !

□ ❶ **severe** 엄격한
[səvíər]

□ ❷ **normal** 정상적인
[nɔ́:rməl]

□ ❸ **military** 군의
[mílitèri]

□ ❹ **naked** 벌거벗은
[néikid]

□ ❺ **blind** 눈이 먼
[bláind]

□ ❻ **permanent** 영원의
[pɔ́:rm(ə)nənt]

□ ❼ **competent** 유능한
[kámpət(ə)nt]

□ ❽ **raw** 날것의
[rɔ́:]

□ ❾ **gigantic** 거대한
[dʒaigǽntik]

□ ❿ **stable** 안정된
[stéibl]

자주 사용되는 표현을 익히자!

❷ We are back to normal life. 우리는 정상적인 생활로 돌아갔다.

❸ They took military actions. 그들은 군사행동을 취했다.

❻ I want a permanent job. 정규직을 원합니다.

❽ I like raw fish. 날생선을 좋아합니다.

❿ Her condition is stable. 그녀의 상태는 안정되어 있다.

파생어 · 관련어

❷ abnórmal 이상한 　❺ blíndness 맹목 　❻ pérmanence 영구
❼ cómpetence 능력 　❿ stabílity 안정

206

영어로 말해보자!

1 정규직을 원합니다.　　　　　　I want a _____ job.

2 그녀는 신랄한 비평을 했다.　　　She made _____ comments.

3 우리는 정상적인 생활로 돌아갔다.　We are back to _____ life.

4 그는 유능한 변호사입니다.　　　He is a _____ lawyer.

5 그녀의 상태는 안정되어 있다.　　Her condition is _____.

6 맹도견은 눈이 보이지 않는 사람을　Guide dogs help _____ people.
　　돕는다.

7 그들은 군사행동을 취했다.　　　They took _____ actions.

8 날생선을 좋아합니다.　　　　　I like _____ fish.

9 그것은 육안으로 볼 수 있다.　　You can see it with the
　　　　　　　　　　　　　　　_____ eye.

10 나는 거대한 불상을 봤다.　　　I saw a _____ statue of Buddha.

고등학교과정 2

---

1 permanent	2 severe	3 normal	4 competent	5 stable
6 blind	7 military	8 raw	9 naked	10 gigantic

Unit 98

단어를 보자!

- [ ] ❶ **loyal** 충성스러운
  [lɔ́iəl]

- [ ] ❷ **abstract** 추상적인
  [ǽbstrækt]

- [ ] ❸ **concrete** 구체적인
  [kánkriːt]

- [ ] ❹ **immediate** 즉시의
  [imíːdiət]

- [ ] ❺ **chief** 주된
  [tʃíːf]

- [ ] ❻ **visible** 눈에 보이는
  [vízəbl]

- [ ] ❼ **bitter** 쓴
  [bítər]

- [ ] ❽ **absurd** 어처구니없는
  [æbsə́ːrd]

- [ ] ❾ **decent** 적당한
  [díːsnt]

- [ ] ❿ **contrary** 반대인
  [kántreri]

자주 사용되는 표현을 익히자!

❶ He is loyal to his company. 그는 회사에 충성을 다한다.

❸ Do you have any concrete plans? 무슨 구체적인 계획이 있습니까?

❻ It's not visible from outside. 그것은 밖에서는 보이지 않는다.

❼ It was a bitter experience. 그것은 쓰라린 경험이었다.

❾ I got a decent place to stay. 머무를 수 있는 적당한 장소를 구했습니다.

파생어 · 관련어

❶ lóyalty 충성심 ❷ abstráction 추상 ❻ invísible 눈에 보이지 않는
❼ bítterness 쓴 맛 ❾ décency 예의 바름

NOTES : ❸ 철근 콘크리트   ❺ a branch chief (지점장)

영어로 말해보자!

1 그것은 쓰라린 경험이었다.
It was a _____ experience.

2 그는 회사에 충성을 다한다.
He is _____ to his company.

3 주된 원인은 무엇입니까?
What is the _____ cause?

4 그녀의 설명은 어처구니없다.
Her explanation is _____.

5 머무를 수 있는 적당한 장소를 구했습니다.
I got a _____ place to stay.

6 무슨 구체적인 계획이 있습니까?
Do you have any _____ plans?

7 나는 추상화는 좋아하지 않는다.
I don't like _____ paintings.

8 나는 반대 의견을 가지고 있다.
I have a _____ opinion.

9 즉시 반응이 있었다.
There was an _____ response.

10 그것은 밖에서는 보이지 않는다.
It's not _____ from outside.

고등학교과정 2

---

1 bitter   2 loyal   3 chief   4 absurd   5 decent
6 concrete   7 abstract   8 contrary   9 immediate   10 visible

Unit 99

단어를 보자!

- **❶ external** 외부의
  [ikstə́:rnl]

- **❷ internal** 내부의
  [intə́:rnl]

- **❸ acute** 극심한
  [əkjú:t]

- **❹ fluent** 유창한
  [flú:ənt]

- **❺ suitable** 적격의
  [sú:təbl]

- **❻ enormous** 막대한
  [inɔ́:rməs]

- **❼ lively** 활발한
  [láivli]

- **❽ plain** 단순한
  [pléin]

- **❾ tight** 빡빡한
  [táit]

- **❿ loose** 자유로운
  [lú:s]

자주 사용되는 표현을 익히자!

---

❷ This is internal information.　　이것은 내부 정보입니다.

❹ He speaks fluent English.　　그는 유창하게 영어를 말한다.

❺ It is suitable for daily use.　　그것은 매일 사용하는데 적격이다.

❽ It's written in plain English.　　그것은 쉬운 영어로 적혀 있다.

❾ My schedule is tight.　　스케줄이 꽉 차있다.

파생어 · 관련어

❹ flúency 유창함　❺ suitabílity 적합

영어로 말해보자!

1 극심한 통증을 느꼈다.　　　　I felt _____ pain.

2 스케줄이 꽉 차있다.　　　　　My schedule is _____.

3 그들은 활발한 토론을 했다.　　They had a _____ discussion.

4 그는 유창하게 영어를 말한다.　He speaks _____ English.

5 그것은 쉬운 영어로 적혀 있다.　It's written in _____ English.

6 그들은 막대한 이익을 올렸다.　They made _____ profits.

7 이것은 내부 정보입니다.　　　This is _____ information.

8 단추가 느슨해졌다.　　　　　A button is _____.

9 그는 외상을 당했다.　　　　　He had an _____ injury.

10 그것은 매일 사용하는데 적격이다.　It is _____ for daily use.

고등학교과정 2

| 1 acute | 2 tight | 3 lively | 4 fluent | 5 plain |
| 6 enormous | 7 internal | 8 loose | 9 external | 10 suitable |

211

Unit 100

단어를 보자!

□ ❶ **precise**   정밀한
     [prisáis]

□ ❷ **drastic**   대담한 ·
     [drǽstik]   강렬한

□ ❸ **scarce**   부족한
     [skéərs]

□ ❹ **artificial**   인공의
     [á:rtəfíʃəl]

□ ❺ **eager**   간절히 ~하고
     [íːgər]   싶어 하는

□ ❻ **outstanding**   눈에 띄는
     [àutstǽndiŋ]

□ ❼ **overall**   전체의
     [óuv(ə)rɔːl]

□ ❽ **general**   일반적인
     [dʒén(ə)rəl]

□ ❾ **particular**   특별한
     [pərtíkjulər]

□ ❿ **annual**   해마다의
     [ǽnjuəl]

자주 사용되는 표현을 익히자!

❷ We need a drastic reform.   우리에게는 근본적인 변혁이 필요하다.

❺ She is eager to learn.   그녀는 몹시 배우고 싶어 한다.

❼ I can't get an overall picture.   전체적인 모습을 파악할 수 없다.

❾ There is nothing particular to say.   특별히 말할 것은 없다.

❿ This is an annual event.   이것은 연간 행사이다.

파생어 · 관련어

❶ precísion 정밀   ❺ éagerness 열심

영어로 말해보자!

1 특별히 말할 것은 없다.　　　There is nothing _____ to say.

2 이것은 연간 행사이다.　　　This is an _____ event.

3 신입 부원은 부족했다.　　　New members were _____.

4 전체적인 모습을 파악할 수 없다.　　I can't get an _____ picture.

5 우리에게는 근본적인 변혁이　　We need a _____ reform.
　필요하다.

6 그의 재능은 눈에 띈다.　　　His talent is _____.

7 그녀는 몹시 배우고 싶어 한다.　　She is _____ to learn.

8 정밀한 측정이 요구된다.　　　_____ measurement is
　　　　　　　　　　　　　　required.

9 일반적인 법칙은 없다.　　　There is no _____ law.

10 그것은 조화입니까?　　　　Is it an _____ ower?

---

1 particular　　2 annual　　3 scarce　　4 overall　　5 drastic
6 outstanding　7 eager　　8 Precise　　9 general　　10 artificial

Unit 101

단어를 보자!

- ❶ **bold** 대담한
  [bóuld]

- ❷ **sensitive** 민감한
  [sénsətiv]

- ❸ **sincere** 성실한
  [sinsíər]

- ❹ **dull** 지루한 · 둔한
  [dʌ́l]

- ❺ **genuine** 진짜의
  [dʒénjuin]

- ❻ **extraordinary** 보통이 아닌
  [ikstrɔ́ːrdənèri]

- ❼ **domestic** 가정 내의 · 국내의
  [dəméstik]

- ❽ **vivid** 생생한 · 선명한
  [vívid]

- ❾ **numerous** 매우 많은
  [n(j)úːm(ə)rəs]

- ❿ **awkward** 불편한
  [ɔ́ːkwərd]

자주 사용되는 표현을 익히자!

❶ They took a bold step.　그들은 대담한 방법을 취했다.

❹ It was a dull party.　지루한 파티였다.

❻ What an extraordinary idea!　정말 비상한 생각이군!

❼ I do domestic chores.　나는 집안일을 합니다.

❾ There are numerous chances.　매우 많은 기회가 있다.

파생어 · 관련어

❶ bóldness 대담함　❷ sensitívity 민감　❸ sincérity 성실

214

영어로 말해보자!

1   그들은 대담한 방법을 취했다.   They took a _____ step.

2   나는 집안일을 합니다.   I do _____ chores.

3   그것은 선명한 색을 보여준다.   It shows _____ colors.

4   매우 많은 기회가 있다.   There are _____ chances.

5   이것은 진짜 다이아몬드입니다.   This is a _____ diamond.

6   그는 마음으로부터 사죄했다.   He made a _____ apology.

7   정말 비상한 생각이군!   What an _____ idea!

8   불편한 침묵이 있었다.   There was an _____ silence.

9   그녀는 추위에 민감하다.   She is _____ to the cold.

10 지루한 파티였다.   It was a _____ party.

고등학교 교과정 2

---

1 bold   2 domestic   3 vivid   4 numerous
5 genuine   6 sincere   7 extraordinary 8 awkward
9 sensitive 10 dull

Unit 102

단어를 보자 !

□ ❶ **hardly** 거의
[háːrdli] ~아니다

□ ❷ **probably** 아마도
[prábəbli]

□ ❸ **nevertheless** 그럼에도
[nèvərðəlés] 불구하고

□ ❹ **somehow** 어찌된 일인지
[sámhau]

□ ❺ **somewhat** 다소
[sám(h)wàt]

□ ❻ **frankly** 솔직히
[fræŋkli]

□ ❼ **necessarily** 반드시
[nèsəsérəli]

□ ❽ **barely** 간신히
[béərli]

□ ❾ **seldom** 좀처럼
[séldəm] ~ 않는

□ ❿ **merely** 단지
[míərli]

자주 사용되는 표현을 익히자!

❶ I can hardly hear you. 당신의 목소리를 거의 들을 수 없습니다.

❷ Probably she will be late. 아마도 그녀는 늦을 것이다.

❼ It is not necessarily right. 그것이 반드시 옳다고는 할 수 없다.

❽ I could barely catch the last 간신히 마지막 열차를 탔다.
train.

❾ I seldom visit her. 나는 그녀를 좀처럼 방문하지 않는다.

파생어 · 관련어

❶ scárcely 거의 ~ 않다 ❷ perháps 어쩌면
❸ nonetheléss 그럼에도 불구하고 ❾ rárely 좀처럼 ~ 않고
❿ mére 단순한

216

영어로 말해보자!

1. 간신히 마지막 열차를 탔다.

   I could _____ catch the last train.

2. 그럼에도 불구하고 그는 인기가 있다.

   _____, he is popular.

3. 그것은 다소 어렵다.

   It is _____ difficult.

4. 어찌된 일인지 잘 수 없었다.

   _____ I couldn't sleep.

5. 당신의 목소리를 거의 들을 수 없습니다.

   I can _____ hear you.

6. 단지 피곤한 것뿐이다.

   I am _____ tired.

7. 나는 그녀를 좀처럼 방문하지 않는다.

   I _____ visit her.

8. 아마도 그녀는 늦을 것이다.

   _____ she will be late.

9. 솔직히 말해서 그것은 좋지 않다.

   _____, it's not good.

10. 그것이 반드시 옳다고는 할 수 없다.

    It is not _____ right.

고등학교과정 2

---

1 barely   2 Nevertheless   3 omewhat   4 Somehow
5 hardly   6 merely   7 seldom   8 Probably
9 Frankly   10 necessarily

217

이상으로 고등학교 영단어의 전반을 살펴봤습니다. 이 책의 전체 양으로 따진다면 60% 정도를 학습했습니다. 혼동하기 쉬운 단어가 많아졌다고 느낀다면 책 마지막 부분의 Backstage Tour를 보고 단어에 관한 힌트를 확인합시다.

「단어를 조금 몰라도 괜찮다」라는 말을 듣습니다. 이 말을 듣고 영문을 읽어봤지만 전혀 이해가 되지 않았다는 경험을 가진 분들도 계실 것입니다. 여기서 「조금」이라는 것은 일반적으로 Group3의 단어를 아는 수준이라고 할 수 있습니다.

Group3까지 공부했다면 독해에 도전해 보세요. 영자 신문을 사서 재밌어 보이는 기사를 읽는 것도 좋은 방법입니다. 영문 서적의 경우는 영어 학습용으로 외국인을 위해 쓰인 책부터 시작해야 도중에 포기하지 않고 오랫동안 계속할 수 있습니다.

Group 3의 불규칙동사

현재	과거	과거분사			
hurt	hurt	hurt	stand	stood	stood
overcome	overcame	overcome	seek	sought	sought
bend	bent	bent	upset	upset	upset
dig	dug	dug			

218

Group4 UNIT 103-137

고등학교 과정 3

Unit 103

단어를 보자!

- ☐ ❶ **launch** 발사하다·착수하다
  [lɔ́:ntʃ]

- ☐ ❷ **conceal** 숨기다
  [kənsíːl]

- ☐ ❸ **qualify** 자격을 부여하다
  [kwáləfài]

- ☐ ❹ **prohibit** 금하다
  [prouhíbit]

- ☐ ❺ **devote** 바치다
  [divóut]

- ☐ ❻ **wound** 상처를 입히다
  [wúːnd]

- ☐ ❼ **request** 요청(하다)
  [rikwést]

- ☐ ❽ **generate** 발생시키다
  [dʒénərèit]

- ☐ ❾ **restore** 회복하다
  [ristɔ́ːr]

- ☐ ❿ **expose** 노출시키다
  [ikspóuz]

자주 사용되는 표현을 익히자!

❸ He is a qualified designer. 그는 자격이 있는 설계사입니다.

❹ It is prohibited by law. 그것은 법률로 금지되어 있다.

❺ She devoted her life to music. 그녀는 음악에 인생을 바쳤다.

❽ It generates electricity. 그것은 전기를 발생시킨다.

❾ My health was fully restored. 건강이 완전히 회복되었다.

파생어 · 관련어

❸ qualificátion 자격   ❺ devótion 헌신   ❽ géne 유전자
❾ restorátion 회복   ❿ expósure 폭로

영어로 말해보자!

1　건강이 완전히 회복되었다.　　　My health was fully _____.

2　그것은 전기를 발생시킨다.　　　It _____ electricity.

3　그는 자격이 있는 설계사입니다.　He is a _____ designer.

4　그들은 로켓을 발사했다.　　　　They _____ a rocket.

5　그녀는 음악에 인생을 바쳤다.　　She _____ her life to music.

6　그는 어깨를 다쳤다.　　　　　　He was _____ in the shoulder.

7　우리는 더 많은 정보를 요구했다.　We _____ more information.

8　그녀의 손은 추위에 노출되어　　　Her hands were _____ to
　있었다.　　　　　　　　　　　　the cold.

9　그는 신분을 숨겼다.　　　　　　He _____ his identity.

10　그것은 법률로 금지되어 있다.　　It is _____ by law.

---

1 restored　2 generates　3 qualified　4 launched
5 devoted　6 wounded　7 requested　8 exposed
9 concealed　10 prohibited

Unit 104

단어를 보자!

- ☐ ❶ **estimate** [éstəmèit] 견적하다
- ☐ ❷ **dismiss** [dismís] 해고(해산)하다
- ☐ ❸ **corrupt** [kərʌ́pt] 부패시키다
- ☐ ❹ **exhibit** [igzíbit] 전시하다
- ☐ ❺ **abolish** [əbáliʃ] 폐지하다
- ☐ ❻ **sustain** [səstéin] 격려하다
- ☐ ❼ **impose** [impóuz] 부과하다
- ☐ ❽ **depart** [dipáːrt] 출발하다
- ☐ ❾ **substitute** [sʌ́bstət(j)ùːt] 대리(하다)
- ☐ ❿ **sink** [síŋk] 가라앉다

자주 사용되는 표현을 익히자!

- ❶ I estimated **the cost.** 그 비용을 견적해보았다.
- ❺ The system was abolished. 그 제도는 폐지되었다.
- ❻ I was sustained **by their friendship.** 나는 그들의 우정으로 기운을 차렸다.
- ❼ They imposed **a heavy tax.** 그들은 중세를 부과했다.
- ❽ The train departed **behind schedule.** 그 열차는 예정보다 늦게 출발했다.

파생어 · 관련어

❶ estimátion 견적 ❷ dismíssal 해고 ❸ corrúption 부패
❹ exhibítion 전시 ❻ sustáinable 지속할 수 있는

영어로 말해보자!

1 그들은 중세를 부과했다. They _____ a heavy tax.

2 그 열차는 예정보다 늦게 출발했다. The train _____ behind schedule.

3 우리는 유화를 전시했다. We _____ oil paintings.

4 그 비용을 견적해보았다. I _____ the cost.

5 그를 부패시킨 것은 그 돈이다. It is the money that _____ him.

6 나는 그들의 우정으로 기운을 차렸다. I was _____ by their friendship.

7 당신 대신에 그녀에게 대리를 시킬 것이다. We will _____ her for you.

8 그 제도는 폐지되었다. The system was _____.

9 그 배는 가라앉았다. The ship _____.

10 그는 경고 없이 해고되었다. He was _____ without warning.

---

1 imposed 2 departed 3 exhibited 4 estimated
5 corrupted 6 sustained 7 substitute 8 abolished
9 sank 10 dismissed

고등학교과정 3

Unit 105

단어를 보자!

- ❶ **bore** [bɔ́ːr] 지겹게 하다
- ❷ **struggle** [strʌ́gl] 싸우다·싸움
- ❸ **confuse** [kənfjúːz] 혼란시키다
- ❹ **retain** [ritéin] 보유하다
- ❺ **exclude** [iksklúːd] 제외하다
- ❻ **spoil** [spɔ́il] 못쓰게 만들다
- ❼ **justify** [dʒʌ́stəfài] 정당화하다
- ❽ **serve** [sɔ́ːrv] 내다·봉사하다
- ❾ **arise** [əráiz] 생기다
- ❿ **frighten** [fráitn] 겁먹게 하다

자주 사용되는 표현을 익히자!

- ❶ I'm bored to death.   지겨워서 죽을 것 같다.
- ❸ These signs are confusing.   그 표식들은 혼란스럽다.
- ❻ The rain spoiled the trip.   비로 인해서 그 여행을 망쳤다.
- ❼ He always justifies himself.   그는 언제나 자신을 정당화한다.
- ❿ The scene was very frightening.   그 장면은 매우 무서웠다.

파생어 · 관련어

❶ bóredom 지루함   ❸ confúsion 혼란   ❺ exclúsion 제외
❼ justificátion 정당화

영어로 말해보자!

1 비로 인해서 그 여행을 망쳤다.　　　The rain ＿＿＿＿＿ the trip.

2 그 장면은 매우 무서웠다.　　　　　The scene was very ＿＿＿＿＿.

3 그들은 맛있는 식사를 접대했다.　　They ＿＿＿＿＿ good food.

4 지겨워서 죽을 것 같다.　　　　　　I'm ＿＿＿＿＿ to death.

5 나는 그 팀에서 제외되었다.　　　　I was ＿＿＿＿＿ from the team.

6 그 표식들은 혼란스럽다.　　　　　These signs are ＿＿＿＿＿.

7 그녀는 권력을 유지하고 있다.　　　She ＿＿＿＿＿ the power.

8 그는 언제나 자신을 정당화한다.　　He always ＿＿＿＿＿ himself.

9 많은 불만이 생겼다.　　　　　　　Many complaints ＿＿＿＿＿.

10 그들은 정의를 위해 싸웠다.　　　　They ＿＿＿＿＿ for justice.

---

1 spoiled　　2 frightening　　3 served　　4 bored

5 excluded　　6 confusing　　7 retains　　8 justifies

9 arose　　10 struggled

Unit 106

단어를 보자!

□ ❶ **reform** 개정(하다)
[rifɔ́ːrm]

□ ❷ **deceive** 속이다
[disíːv]

□ ❸ **stare** 응시하다
[stéər]

□ ❹ **debate** 토론(하다)
[dibéit]

□ ❺ **attach** 붙이다
[ətǽtʃ]

□ ❻ **congratulate** 축하하다
[kəngrǽtʃulèit]

□ ❼ **refine** 우아(고상)하게 하다
[rifáin]

□ ❽ **float** 뜨다
[flóut]

□ ❾ **arrest** 구속(하다)
[ərést]

□ ❿ **resent** 분개하다
[rizént]

자주 사용되는 표현을 익히자!

❷ I was deceived by the ad. 그 광고에 속았다.

❸ Don't stare at me. 나를 뚫어지게 쳐다보지 마라.

❺ I will attach a file. 파일을 첨부합니다.

❼ Her manners are refined. 그녀의 매너는 세련되었다.

❾ He was arrested by the police. 그는 경찰에 체포되었다.

파생어 · 관련어

❷ decéption 속임 ❺ attáchment 부속품·애착
❻ congratulátion 축하 ❼ refínement 고상 ❿ reséntment 원한

영어로 말해보자!

1 파일을 첨부합니다.

I will ＿＿＿＿＿ a file.

2 나는 그의 말에 분개했다.

I ＿＿＿＿＿ his words.

3 나를 뚫어지게 쳐다보지 마라.

Don't ＿＿＿＿＿ at me.

4 우리는 규칙을 개정했다.

We ＿＿＿＿＿ the rules.

5 그녀의 매너는 세련되었다.

Her manners are ＿＿＿＿＿.

6 그는 경찰에 체포되었다.

He was ＿＿＿＿＿ by the police.

7 그것은 끝없이 토론되어 왔다.

It has been ＿＿＿＿＿ endlessly.

8 그것은 물에 떠 있다.

It ＿＿＿＿＿ on the water.

9 그 광고에 속았다.

I was ＿＿＿＿＿ by the ad.

10 우리는 그의 성공을 축하했다.

We ＿＿＿＿＿ him on his success.

고등학교과정 3

---

1 attach   2 resented   3 stare   4 reformed
5 refined   6 arrested   7 debated   8 floats
9 deceived   10 congratulated

Unit 107

단어를 보자!

□ ❶ **glance** 힐끗 보다
[glǽns]

□ ❷ **tempt** 유혹하다
[témpt]

□ ❸ **cast** 던지다
[kǽst]

□ ❹ **steal** 훔치다
[stíːl]

□ ❺ **worship** 숭배하다
[wɔ́ːrʃip]

□ ❻ **forgive** 용서하다
[fərgív]

□ ❼ **clarify** 명백히 하다
[klǽrəfài]

□ ❽ **conserve** 보존하다
[kənsə́ːrv]

□ ❾ **defeat** 패배시키다·
[difíːt] 패배

□ ❿ **revive** 소생시키다
[riváiv]

자주 사용되는 표현을 익히자!

❶ I glanced at his face. 그를 힐끗 봤다.

❹ He tried to steal my money. 그는 내 돈을 훔치려 했다.

❺ They worship God. 그들은 신을 숭배한다.

❻ Please forgive me. 저를 용서해 주십시오.

❼ I clarified my position. 내 입장을 명확히 했다.

파생어 · 관련어

❷ temptátion 유혹 ❻ forgíveness 용서 ❼ clarificátion 명확화
❽ conservátion 보존 ❿ revíval 부활 survíve 살아남다

228

NOTES : ❹ 스틸(도루) 성공 ❿ 리바이벌 곡

영어로 말해보자!

1 저를 용서해 주십시오. Please _____ me.

2 경제가 회복되고 있다. The economy is _____.

3 그녀는 차가운 시선을 던졌다. She _____ a cold eye.

4 그들은 신을 숭배한다. They _____ God.

5 그는 내 돈을 훔치려 했다. He tried to _____ my money.

6 우리는 환경을 보존해야만 한다. We must _____ our environment.

7 내 입장을 명확히 했다. I _____ my position.

8 그것이 사고 싶어졌다. I was _____ to buy it.

9 그를 힐끗 봤다. I _____ at his face.

10 그는 패한 적이 없다. He has never been _____.

고등학교과정3

---

1 forgive 2 reviving 3 cast 4 worship
5 steal 6 conserve 7 clarified 8 tempted
9 glanced 10 defeated

Unit 108

동사 4-6

단어를 보자!

□ ❶ **equip** 갖추다
[ikwíp]

□ ❷ **tear** 찢다·눈물
동 [téər] 명 [tíər]

□ ❸ **account** 설명하다·회계
[əkáunt]

□ ❹ **state** 진술하다·
[stéit] 상태·주

□ ❺ **focus** 초점(을 맞추다)
[fóukəs]

□ ❻ **transfer** 이동(시키다)
동 [trænsfə́ːr] 명 [trǽnsfəːr]

□ ❼ **chat** 담소하다·잡담
[tʃǽt]

□ ❽ **surrender** 항복(하다)
[səréndər]

□ ❾ **heal** 치유하다
[híːl]

□ ❿ **urge** 재촉하다·
[ə́ːrdʒ] 충동

자주 사용되는 표현을 익히자!

❹ She stated her opinion. 그녀는 자신의 의견을 말했다.

❻ He was transferred to another section. 그는 다른 과로 옮겼다.

❼ We chatted over tea. 우리는 차를 마시면서 담소를 나눴다.

❽ I surrendered to temptation. 나는 유혹에 굴복했다.

❾ Music heals us. 음악은 우리를 치유해준다.

파생어 · 관련어

❶ equípment 장비 ❹ státement 발언 ❿ úrgent 긴급한

영어로 말해보자!

1 그녀는 자신의 의견을 말했다.

She _____ her opinion.

2 나는 그들과 함께하고 싶은 충동을
   느꼈다.

I was _____ to join them.

3 그것이 모든 것을 설명해 준다.

It _____ for everything.

4 그는 다른 과로 옮겼다.

He was _____ to another
section.

5 그 차에는 내비게이션이 갖춰져
   있다.

It is _____ with a car
navigation system.

6 나는 유혹에 굴복했다.

I _____ to temptation.

7 담화는 그 문제를 중점적으로 다뤘다.

The talk _____ on the problem.

8 음악은 우리를 치유해준다.

Music _____ us.

9 나는 그 편지를 찢어버리고 싶었다.

I wanted to _____ the letter up.

10 우리는 차를 마시면서 담소를
    나눴다.

We _____ over tea.

고등학교과정3

---

1 stated   2 urged   3 accounts   4 transferred
5 equipped   6 surrendered 7 focused   8 heals
9 tear   10 chatted

Unit 109

단어를 보자 !

□ ❶ **tolerate**
[tálərèit]
너그럽게
봐주다

□ ❷ **crush**
[kráʃ]
눌러 부수다

□ ❸ **explode**
[iksplóud]
폭발하다

□ ❹ **bind**
[báind]
묶다

□ ❺ **pause**
[pɔ́:z]
한숨 돌리다

□ ❻ **combine**
[kəmbáin]
결합시키다

□ ❼ **exaggerate**
[igzǽdʒərèit]
과장해서
말하다

□ ❽ **nourish**
[nə́:riʃ]
영양분을 주다

□ ❾ **assure**
[əʃúər]
보증하다

□ ❿ **weep**
[wíːp]
울다

자주 사용되는 표현을 익히자!

❶ I can't tolerate his conduct.   그의 행위는 용납할 수 없다.

❺ I paused for a while.   나는 잠시 쉬었다.

❼ Don't exaggerate the problem.   그 문제를 과장하지 마라.

❽ Reading nourishes the mind.   독서는 마음에 양식을 준다.

❾ I assure you this is real.   이것이 진짜인 것을 보증합니다.

파생어 · 관련어

❶ tólerance 관용   ❸ explósion 폭발   ❻ combinátion 결합
❼ exaggerátion 과장   ❽ nóurishment 영양   ❾ assúrance 보증

영어로 말해보자!

1 그 문제를 과장하지 마라.　　　　　Don't _____ the problem.

2 그의 행위는 용납할 수 없다.　　　　I can't _____ his conduct.

3 끈으로 각각의 꾸러미를 묶고 있다.　A rope _____ each bundle.

4 그는 빈 캔을 찌부러뜨렸다.　　　　He _____ an empty can.

5 우리는 그 두 그룹을 연합시켰다.　　We _____ the two groups.

6 독서는 마음에 양식을 준다.　　　　Reading _____ the mind.

7 그녀는 조용히 울었다.　　　　　　She was _____ silently.

8 이것이 진짜인 것을 보증합니다.　　I _____ you this is real.

9 폭탄이 폭발했다.　　　　　　　　A bomb _____.

10 나는 잠시 쉬었다.　　　　　　　　I _____ for a while.

---

1 exaggerate　2 tolerate　3 binds　　4 crushed
5 combined　6 nourishes　7 weeping　8 assure
9 exploded　10 paused

Unit 110

단어를 보자 !

□ ❶ **discourage** 낙담시키다
[diskə́ridʒ]

□ ❷ **murmur** 속삭이다
[mə́:rmər]

□ ❸ **ruin** 손상시키다·
[rú:in] 붕괴

□ ❹ **insure** 보험을 들다
[inʃúər]

□ ❺ **adjust** 조정하다
[ədʒʌ́st]

□ ❻ **overwhelm** 압도하다
[òuvər(h)wélm]

□ ❼ **tease** 집적거리다
[tí:z]

□ ❽ **consult** 상담하다
[kənsʌ́lt]

□ ❾ **invade** 침략하다
[invéid]

□ ❿ **withdraw** 물러나게 하다
[wiðdrɔ́:]

자주 사용되는 표현을 익히자!

❶ Don't be discouraged. 낙담하지 마라.

❺ I adjusted my schedule. 나는 스케줄을 조정했다.

❼ He's always teasing me. 그는 언제나 나에게 집적거린다.

❽ I consulted a lawyer. 나는 변호사에게 상담했다.

❾ They invade my privacy. 그들은 내 사생활을 간섭한다.

파생어 · 관련어

❶ discóuragement 낙담 ❹ insúrance 보험 ❺ adjústment 조정
❽ consultátion 상담 ❾ invásion 침략 ❿ withdráwal 철퇴

234

영어로 말해보자!

1 보험에 드셨습니까?

Are you _____ ?

2 나는 변호사에게 상담했다.

I _____ a lawyer.

3 나는 그녀의 기세에 압도되었다.

I was _____ by her energy.

4 그는 언제나 나에게 집적거린다.

He's always _____ me.

5 그들은 내 사생활을 간섭했다.

They _____ my privacy.

6 나는 스케줄을 조정했다.

I _____ my schedule.

7 그는 무슨말인지 중얼거리고 있다.

He's _____ something.

8 그것은 그녀의 평판을 손상시켰다.

It _____ her reputation.

9 그는 자신이 말한 것을 철회했다.

He _____ what he said.

10 낙담하지 마라.

Don't be _____.

고등학교교과정3

---

1 insured　　2 consulted　　3 overwhelmed　　4 teasing
5 invaded　　6 adjusted　　7 murmuring　　8 ruined
9 withdrew　　10 discouraged

Unit 111

단어를 보자 !

- ☐ ❶ **boast** 자랑하다
  [bóust]

- ☐ ❷ **explore** 탐험하다
  [iksplɔ́:r]

- ☐ ❸ **overtake** 따라잡다
  [òuvətéik]

- ☐ ❹ **annoy** 괴롭히다
  [ənɔ́i]

- ☐ ❺ **incline** 기울다
  [inkláin]

- ☐ ❻ **bear** 떠받치다·
  [béər] 견디다

- ☐ ❼ **inhabit** 살다
  [inhǽbit]

- ☐ ❽ **deliver** 배달하다·
  [dilívər] 말하다

- ☐ ❾ **frustrate** 좌절시키다
  [frʌ́streit]

- ☐ ❿ **negotiate** 교섭하다
  [nigóuʃièit]

자주 사용되는 표현을 익히자!

- ❶ She is boasting about her son.   그녀는 아들 자랑을 하고 있다.

- ❹ I am annoyed by the noise.   그 소음에 짜증이 난다.

- ❻ Bear this in mind.   이것을 명심해라.

- ❾ She is so frustrated.   그녀는 매우 좌절하고 있다.

- ❿ We negotiated the prices.   우리는 가격을 협상했다.

파생어 · 관련어

❷ explorátion 탐험   ❹ annóyance 골칫거리   ❺ inclinátion 경향
❼ inhábitant 주민   ❽ delívery 배달   ❾ frustrátion 좌절
❿ negotiátion 교섭

영어로 말해보자!

1 그 소음에 짜증이 난다.　　I am ＿＿＿＿＿ by the noise.

2 나는 찬성으로 마음이 기운다.　　I'm ＿＿＿＿＿ to agree.

3 그녀는 매우 좌절하고 있다.　　She is so ＿＿＿＿＿＿.

4 이것을 명심해라.　　＿＿＿＿＿ this in mind.

5 그는 신문을 배달한다.　　He ＿＿＿＿＿ newspapers.

6 그것들은 심해에 산다.　　They ＿＿＿＿＿ the deep sea.

7 곧 따라잡힐 것 같다.　　I will be ＿＿＿＿＿ soon.

8 그녀는 아들 자랑을 하고 있다.　　She is ＿＿＿＿＿ about her son.

9 그들은 남극을 탐험했다.　　They ＿＿＿＿＿ the South Pole.

10 우리는 가격을 협상했다.　　We ＿＿＿＿＿ the prices.

고등학교 교과정 3

---

1 annoyed　2 inclined　3 frustrated　4 Bear
5 delivers　6 inhabit　7 overtaken　8 boasting
9 explored　10 negotiated

Unit 112

단어를 보자 !

□ ❶ **locate** 위치하다
[lóukeit]

□ ❷ **cherish** 소중히 하다
[tʃériʃ]

□ ❸ **scare** 겁나게 하다
[skéər]

□ ❹ **compensate** 보상하다
[kámpənsèit]

□ ❺ **wander** 떠돌다
[wándər]

□ ❻ **interfere** 간섭하다
[ìntərfíər]

□ ❼ **embrace** 껴안다
[imbréis]

□ ❽ **cultivate** 경작하다
[kʌ́ltəvèit]

□ ❾ **bless** 축복하다
[blés]

□ ❿ **deserve** 가치가 있다
[dizə́:rv]

자주 사용되는 표현을 익히자!

❶ My office is located on the fifth floor. — 내 사무실은 5층에 있다.

❷ I cherish my memories. — 나는 추억을 소중히 한다.

❺ I wandered around the town. — 나는 동네를 배회했다.

❼ She embraced her baby. — 그녀는 아기를 껴안았다.

❿ You deserve the praise. — 당신은 칭찬받을 자격이 있습니다.

파생어 · 관련어

❶ locátion 위치 ❹ compensátion 보상 ❻ interférence 간섭
❽ cultivátion 경작

238

영어로 말해보자!

1 그는 그 소리에 겁먹었다.   He was _____ by the sound.

2 나는 동네를 배회했다.   I _____ around the town.

3 나는 손해배상을 받았다.   I was _____ for the damage.

4 그녀는 아기를 껴안았다.   She _____ her baby.

5 당신에게 신의 축복이 있기를.   God _____ you.

6 나는 추억을 소중히 한다.   I _____ my memories.

7 내 사무실은 5층에 있다.   My office is _____ on the fifth floor.

8 우리는 그 토지를 경작했다.   We _____ the land.

9 당신은 칭찬받을 자격이 있습니다.   You _____ the praise.

10 내 생활에 간섭하지 마라.   Don't _____ with my life.

---

1 scared   2 wandered   3 compensated   4 embraced

5 bless   6 cherish   7 located   8 cultivated

9 deserve   10 interfere

단어를 보자!

☐ ❶ **overlook** 눈감아 주다
[òuvəlúk]

☐ ❷ **emerge** 나타나다
[imɔ́rdʒ]

☐ ❸ **sail** 항해하다·돛
[séil]

☐ ❹ **declare** 신고(선언)하다
[diklɛ́ər]

☐ ❺ **secure** 확보하다·안전한
[sikjúər]

☐ ❻ **accommodate** 수용하다
[əkámədèit]

☐ ❼ **conceive** 마음에 품다
[kənsíːv]

☐ ❽ **undergo** 경험하다
[ʌ̀ndərgóu]

☐ ❾ **cough** 기침(하다)
[kɔ́ːf]

☐ ❿ **divorce** 이혼(하다)
[divɔ́ːrs]

자주 사용되는 표현을 익히자!

❷ He emerged **from nowhere.** 그가 불쑥 나타났다.

❻ It can accommodate **hundreds of guests.** 그곳은 몇백 명의 손님을 수용할 수 있다.

❼ She conceived **an idea.** 그녀는 어떤 생각을 마음에 품었다.

❽ I underwent **many hardships.** 나는 많은 고난을 경험했다.

❾ She keeps coughing. 그녀는 기침을 계속하고 있다.

파생어 · 관련어

❹ declarátion 신고·선언 ❺ secúrity 안전 ❻ accommodátion 수용
❼ cóncept 개념

영어로 말해보자!

1 신고할 것이 없다.　　　　　　　I have nothing to _____.

2 그가 불쑥 나타났다.　　　　　　He _____ from nowhere.

3 그녀는 어떤 생각을 마음에 품었다.　She _____ an idea.

4 그 문은 잠겨 있다.　　　　　　The door is _____.

5 그녀는 기침을 계속하고 있다.　　She keeps _____.

6 그곳은 몇백 명의 손님을　　　　It can _____ hundreds of
　수용할 수 있다.　　　　　　　guests.

7 그들은 이미 이혼했다.　　　　　They're already _____.

8 나는 많은 고난을 경험했다.　　　I _____ many hardships.

9 나는 그의 실수를 눈감아줬다.　　I _____ his mistake.

10 우리는 해협을 항해했다.　　　　We _____ through the strait.

고등학교과정 3

---

1 declare　　2 emerged　　3 conceived　　4 secured
5 coughing　　6 accommodate　7 divorced　　8 underwent
9 overlooked　10 sailed

Unit 114

단어를 보자!

- ☐ ❶ **prevail** 널리 퍼지다
  [privéil]

- ☐ ❷ **revolve** 회전하다
  [riválv]

- ☐ ❸ **anticipate** 예상하다
  [æntísəpèit]

- ☐ ❹ **dwell** 살다
  [dwél]

- ☐ ❺ **expire** 기한이 끝나다
  [ikspáiər]

- ☐ ❻ **collapse** 붕괴(하다)
  [kəlǽps]

- ☐ ❼ **represent** 대표하다
  [rèprizént]

- ☐ ❽ **disclose** 밝혀내다
  [disklóuz]

- ☐ ❾ **flatter** 아첨하다
  [flǽtər]

- ☐ ❿ **confess** 고백하다
  [kənfés]

자주 사용되는 표현을 익히자!

❸ I anticipated his reaction. 그의 반응은 예상하고 있었다.

❺ My passport will expire soon. 곧 여권 기한이 끝난다.

❽ They disclosed the data. 그들은 데이터를 공표했다.

❾ She flatters herself too much. 그녀는 매우 우쭐하고 있다.

❿ I confessed my sin. 나는 죄를 고백했다.

파생어 · 관련어

❶ prévalent 널리 퍼진 ❸ anticipátion 예상 ❺ expirátion 만기
❼ representátion 대표 ❽ disclósure 공표 ❾ fláttery 아첨
❿ conféssion 고백

영어로 말해보자!

1 그녀는 갑자기 쓰러졌다.　　　　　She suddenly _____.

2 그 생각은 사람들 사이에 퍼져 있었다.　The idea _____ among people.

3 그의 반응은 예상하고 있었다.　　　　I _____ his reaction.

4 곧 여권 기한이 끝난다.　　　　　　My passport will _____ soon.

5 그가 그 그룹을 대표한다.　　　　　He _____ the group.

6 과거에 머물러 있지 마.　　　　　　Don't _____ on the past.

7 그녀는 매우 우쭐하고 있다.　　　　She _____ herself too much.

8 그들은 데이터를 공표했다.　　　　　They _____ the data.

9 나는 회전문을 빠져나갔다.　　　　　I went through a _____ door.

10 나는 죄를 고백했다.　　　　　　　I _____ my sin.

고등학교과정3

1 collapsed　2 prevailed　3 anticipated　4 expire

5 represents　6 dwell　7 flatters　8 disclosed

9 revolving　10 confessed

단어를 보자 !

□ ❶ **refrain** 삼가다
[rifréin]

□ ❷ **demonstrate** 보여주다
[démənstrèit]

□ ❸ **transplant** 이식하다
[trænsplǽnt]

□ ❹ **link** 연결하다
[líŋk]

□ ❺ **affirm** 단언하다
[əfə́:rm]

□ ❻ **undertake** 맡다
[ʌ̀ndərtéik]

□ ❼ **modify** 수정하다
[mádəfài]

□ ❽ **depress** 낙담시키다
[diprés]

□ ❾ **restrain** 억제하다
[ristréin]

□ ❿ **despise** 경멸하다
[dispáiz]

자주 사용되는 표현을 익히자!

❶ Please refrain from smoking.   흡연은 삼가해 주세요.

❷ They demonstrated their strength.   그들은 강인함을 보여주었다.

❺ I affirm it to be true.   그것이 진실이라고 단언한다.

❽ I feel depressed.   우울하다.

❾ I restrained spending.   나는 지출을 억제했다.

파생어 · 관련어

❷ demonstrátion 표명 ❺ affirmátion 단언 ❼ modificátion 수정
❽ depréssion 우울불황 ❾ restráint 억제

244

영어로 말해보자!

1 흡연은 삼가해 주세요.　　　　　　　Please _____ from smoking.

2 이것은 많은 문제와 연결되어 있다.　　This is _____ to many problems.

3 그들은 강인함을 보여 주었다.　　　　They _____ their strength.

4 그는 이론을 수정했다.　　　　　　　He _____ his theory.

5 내가 그 일을 맡을 것이다.　　　　　I will _____ the task.

6 그들은 심장을 이식했다.　　　　　　They _____ a heart.

7 나는 지출을 억제했다.　　　　　　　I _____ spending.

8 우울하다.　　　　　　　　　　　　I feel _____.

9 그는 약자를 경멸한다.　　　　　　　He _____ the weak.

10 그것이 진실이라고 단언한다.　　　　I _____ it to be true.

---

1 refrain　　2 linked　　3 demonstrated　4 modified
5 undertake　6 transplanted　7 restrained　　8 depressed
9 despises　10 affirm

고등학교 과정 3

Unit 116

단어를 보자 !

☐ ❶ **humiliate** 창피를 주다
[hjuːmílieit]

☐ ❷ **amuse** 즐겁게 하다
[əmjúːz]

☐ ❸ **confine** 한정하다
[kənfáin]

☐ ❹ **yell** 고함치다
[jél]

☐ ❺ **implement** 실행하다
[ímpləmənt]

☐ ❻ **marvel** 놀라다
[máːrvəl]

☐ ❼ **diminish** 줄이다
[dimíniʃ]

☐ ❽ **fascinate** 매혹하다
[fǽsənèit]

☐ ❾ **yield** 무릎을 꿇다
[jíːld]

☐ ❿ **quote** 인용하다
[kwóut]

자주 사용되는 표현을 익히자!

❶ I was humiliated in front of others.
다른 사람들 앞에서 창피를 당했습니다.

❷ His jokes amused us.
그의 농담은 우리를 즐겁게 했다.

❹ Don't yell at me.
나에게 고함치지 마세요.

❼ It diminished in size.
크기가 줄었다.

❿ She quoted from the Bible.
그녀는 성서를 인용했다.

파생어 · 관련어

❶ humiliátion 모욕 ❷ amúsement 즐거움 ❸ confínement 제한
❺ implementátion 실행 ❻ márvelous 경탄할만한
❽ fascinátion 매혹 ❿ quotátion 인용

영어로 말해보자!

1 그의 농담은 우리를 즐겁게 했다.　　His jokes _____ us.

2 그것은 학생으로 한정되어 있다.　　It is _____ to students.

3 그 음악은 나를 매료시켰다.　　The music _____ me.

4 다른 사람들 앞에서 창피를
   당했습니다.　　I was _____ in front of others.

5 그녀는 성서를 인용했다.　　She _____ from the Bible.

6 나에게 고함치지 마세요.　　Don't _____ at me.

7 나는 그 속도에 놀랐다.　　I _____ at the speed.

8 그 계획은 실행할 수 없다.　　The plan can't be _____.

9 나는 그들의 요구에 무릎을 꿇었다.　　I _____ to their demand.

10 크기가 줄었다.　　It _____ in size.

1 amused	2 confined	3 fascinated	4 humiliated
5 quoted	6 yell	7 marveled	8 implemented
9 yielded	10 diminished

Unit 117

단어를 보자 !

□ ❶ **satellite** 위성
[sǽtəlàit]

□ ❷ **committee** 위원회
[kəmíti]

□ ❸ **evolution** 진화
[èvəlúːʃən]

□ ❹ **threat** 위협
[θrét]

□ ❺ **dialect** 지방 사투리
[dáiəlèkt]

□ ❻ **nutrition** 영양
[n(j)uːtríʃən]

□ ❼ **soldier** 병사
[sóuldʒər]

□ ❽ **psychology** 심리학
[saikálədʒi]

□ ❾ **dignity** 위엄
[dígnəti]

□ ❿ **survey** 조사·둘러보다
명 [sə́ːrvei] 통 [səːrvéi]

자주 사용되는 표현을 익히자!

❶ The weather satellite reached orbit.
기상 위성이 궤도에 도달했다.

❸ Human evolution is speeding up.
인류는 빠르게 진화하고 있다.

❽ She is a psychology major.
그녀는 심리학을 전공한다.

❾ He has lost his dignity.
그는 위엄을 잃었다.

❿ We conducted a nationwide survey.
우리는 전국 규모의 조사를 했다.

파생어 · 관련어

❸ evólve 진화하다 ❹ thréaten 위협하다

영어로 말해보자!

1 그는 위엄을 잃었다.　　　　　　He has lost his _____.

2 그녀는 그 지방의 사투리를 말한다.　She speaks the local _____.

3 우리는 전국 규모의 조사를 했다.　We conducted a nationwide
　　　　　　　　　　　　　　　　_____.

4 그는 퇴역군인이다.　　　　　　　He is a retired _____.

5 그녀는 심리학 전공 학생이다.　　She is a _____ major.

6 인류는 빠르게 진화하고 있다.　　Human _____ is speeding up.

7 그것은 우리의 생존에 대한
　 위협이다.　　　　　　　　　　It's a _____ to our survival.

8 균형 잡힌 영양이 건강의
　 열쇠이다.　　　　　　　　　　Balanced _____ is a key
　　　　　　　　　　　　　　　　to good health.

9 그녀는 그 위원회의 일원입니다.　She is a member of the _____.

10 기상 위성이 궤도에 도달했다.　The weather _____ reached
　　　　　　　　　　　　　　　　orbit.

고등학교과정 3

---

1 dignity　　　2 dialect　　　3 survey　　　4 soldier
5 psychology　6 evolution　　7 threat　　　8 nutrition
9 committee　10 satellite

Unit 118

단어를 보자!

☐ ❶ **illusion** 환상
[ilú:ʒən]

☐ ❷ **suburb** 교외
[sʌ́bəːrb]

☐ ❸ **cancer** 암
[kǽnsər]

☐ ❹ **caution** 조심
[kɔ́:ʃən]

☐ ❺ **ethics** 윤리학
[éθiks]

☐ ❻ **shelter** 피난소
[ʃéltər]

☐ ❼ **authority** 권한·권위
[əθɔ́:rəti]

☐ ❽ **tale** 이야기
[téil]

☐ ❾ **priest** 성직자
[prí:st]

☐ ❿ **fossil** 화석
[fás(ə)l]

자주 사용되는 표현을 익히자!

❷ I commute from the suburbs. 나는 교외에서 통근한다.

❸ She recovered from cancer. 그녀는 암에서 회복됐다.

❻ We took shelter from the rain. 우리는 비를 피할 장소를 잡았다.

❽ This is an old folk tale. 이것은 오래된 설화이다.

❿ We use fossil fuel. 우리는 화석 연료를 사용한다.

파생어 · 관련어

❷ subúrban 교외의   ❹ cáutious 조심성 있는   ❺ éthical 윤리의

영어로 말해보자!

1   우리는 비를 피할 장소를 잡았다.   We took ＿＿＿＿＿ from the rain.

2   주의가 필요하다.   ＿＿＿＿＿ is needed.

3   너는 환상을 보고 있다.   You are seeing an ＿＿＿＿＿.

4   그녀는 암에서 회복됐다.   She recovered from ＿＿＿＿＿.

5   그에게는 윤리관이 없다.   He has no sense of ＿＿＿＿＿.

6   이것은 오래된 설화이다.   This is an old folk ＿＿＿＿＿.

7   이 건에 대해서는 나에게 권한이   I have no ＿＿＿＿＿ in this matter.
     없다.

8   그는 불교 승려이다.   He is a Buddhist ＿＿＿＿＿.

9   우리는 화석 연료를 사용한다.   We use ＿＿＿＿＿ fuel.

10 나는 교외에서 통근한다.   I commute from the ＿＿＿＿＿.

고등학교과정 3

1 shelter   2 Caution   3 illusion   4 cancer   5 ethics
6 tale   7 authority 8 priest   9 fossil   10 suburbs

Unit 119

단어를 보자!

☐ ❶ **furniture** 가구
[fə́:rnitʃər]

☐ ❷ **colleague** 동료
[káli:g]

☐ ❸ **scent** 향기
[sént]

☐ ❹ **circumstance** 상황
[sə́:rkəmstæns]

☐ ❺ **proportion** 비율
[prəpɔ́:rʃən]

☐ ❻ **immigrant** 이주자
[ímigrənt]

☐ ❼ **landscape** 풍경
[lǽndskèip]

☐ ❽ **credit** 신용
[krédit]

☐ ❾ **oxygen** 산소
[áksidʒən]

☐ ❿ **hydrogen** 수소
[háidrədʒən]

자주 사용되는 표현을 익히자!

❷ She is one of my colleagues. 그녀는 동료 중 하나입니다.

❸ It gives off a nice scent. 그것은 좋은 향기를 풍깁니다.

❹ It depends on the circumstances. 그것은 상황에 좌우됩니다.

❼ The landscape was impressive. 그 풍경은 인상적이었다.

❽ I lost my credit. 신용을 잃었습니다.

파생어 · 관련어

❺ propórtional 비례하는　❻ immigrátion 입국　mígrate 이주하다
❾ cárbon 탄소　nítrogen 질소

영어로 말해보자!

1 그 풍경은 인상적이었다. The _____ was impressive.

2 우리는 산소를 몸속에 받아들인다. We take _____ into our body.

3 그것은 상황에 좌우됩니다. It depends on the _____.

4 그것은 좋은 향기를 풍깁니다. It gives off a nice _____.

5 그들은 불법이민자입니다. They are illegal _____.

6 그녀는 동료 중 하나입니다. She is one of my _____.

7 앤티크 가구를 샀다. I bought a piece of antique
   _____.

8 수소는 가장 가벼운 원자이다. _____ is the lightest atom.

9 신용을 잃었습니다. I lost my _____.

10 그것이 매출에서 높은 비율을
    차지한다. It makes up a large
    _____ of the sales.

고등학교과정 3

---

1 landscape   2 oxygen   3 circumstances   4 scent
5 immigrants   6 colleagues   7 furniture   8 Hydrogen
9 credit   10 proportion

Unit 120

단어를 보자!

☐ ❶ **prejudice** 편견
[prédʒudis]

☐ ❷ **remark** 발언(하다)
[rimá:rk]

☐ ❸ **lung** 폐
[lʌ́ŋ]

☐ ❹ **avenue** 가로수길
[ǽvən(j)ùː]

☐ ❺ **agony** 고뇌
[ǽgəni]

☐ ❻ **perfume** 향수
[pə́ːrfjuːm]

☐ ❼ **territory** 영역·영토
[térətɔ̀ːri]

☐ ❽ **despair** 절망
[dispéər]

☐ ❾ **volcano** 화산
[vɑlkéinou]

☐ ❿ **haste** 서두름
[héist]

자주 사용되는 표현을 익히자!

❶ Your prejudice against them is clear. — 그들에 대한 당신의 편견은 명백하다.

❺ He expressed his agony. — 그는 고뇌를 표현했다.

❻ She wears too much perfume. — 그녀는 향수를 너무 많이 뿌렸다.

❽ I gave up in despair. — 나는 절망 속에서 포기했다.

❿ He left in great haste. — 그는 허겁지겁 떠났다.

파생어 · 관련어

❺ ágonize 고뇌하다   ❼ territórial 영토의
❽ désperate 절망적인·필사적인   ❿ hásty 신속한

254

영어로 말해보자!

1　그는 폐 수술을 받았다.　　He had a _____ operation.

2　이것은 활화산이다.　　This is an active _____.

3　그는 고뇌를 표현했다.　　He expressed his _____.

4　그 가로수 길가에 은행이 있다.　　There's a bank down the _____.

5　그녀는 향수를 너무 많이 뿌렸다.　　She wears too much _____.

6　그는 허겁지겁 떠났다.　　He left in great _____.

7　그들은 영역을 넓혔다.　　They expanded the _____.

8　그들에 대한 당신의 편견은 명백하다.　　Your _____ against them is clear.

9　나는 절망 속에서 포기했다.　　I gave up in _____.

10　그의 발언은 우리를 놀라게 했다.　　His _____ surprised us.

고등학교과정 3

---

1 lung	2 volcano	3 agony	4 avenue	5 perfume
6 haste	7 territory	8 prejudice	9 despair	10 remark

Unit 121

단어를 보자!

□ ❶ **clue** 실마리
[klú:]

□ ❷ **bill** 청구서·지폐
[bíl]

□ ❸ **award** 상
[əwɔ́:rd]

□ ❹ **prison** 형무소
[prízn]

□ ❺ **bullet** 총탄
[búlit]

□ ❻ **crash** 충돌(하다)
[krǽʃ]

□ ❼ **property** 재산·특성
[prápərti]

□ ❽ **minister** 장관·목사
[mínəstər]

□ ❾ **telescope** 망원경
[téləskòup]

□ ❿ **fame** 명성
[féim]

자주 사용되는 표현을 익히자!

❶ They're looking for a clue. 그들은 단서를 찾고 있다.

❷ I can't pay the bill. 청구서를 지불할 수 없습니다.

❻ There was a car crash. 차가 충돌했었다.

❼ This is private property. 이곳은 사유지이다.

❿ He pursues fame. 그는 명성을 얻기 위해 노력하고 있다.

파생어 · 관련어

❹ prísoner 죄인　❿ ínfamous 악명 높은

256

영어로 말해보자!

1 그들은 단서를 찾고 있다.

They're looking for a _____.

2 이곳은 사유지이다.

This is private _____.

3 총탄이 벽을 관통했다.

A _____ went through the wall.

4 그는 형무소에 보내졌다.

He was sent to _____.

5 차가 충돌했었다.

There was a car _____.

6 나는 작은 망원경을 가지고 있다.

I have a small _____.

7 그는 명성을 얻기 위해 노력하고 있다.

He pursues _____.

8 그녀는 아카데미상을 탔다.

She won an Academy _____.

9 청구서를 지불할 수 없습니다.

I can't pay the _____.

10 그는 외무장관이다.

He is the Foreign _____.

고등학교과정3

---

1 clue	2 property	3 bullet	4 prison	5 crash
6 telescope	7 fame	8 Award	9 bill	10 Minister

Unit 122

단어를 보자 !

☐ ❶ **poverty** 빈곤
[pávərti]

☐ ❷ **mission** 임무·사절
[míʃən]

☐ ❸ **border** 경계
[bɔ́:rdər]

☐ ❹ **scope** 범위
[skóup]

☐ ❺ **pity** 유감스러운 일·동정
[píti]

☐ ❻ **fatigue** 피로
[fətí:g]

☐ ❼ **vigor** 활력
[vígər]

☐ ❽ **utility** 유용성
[ju:tíləti]

☐ ❾ **dust** 먼지
[dʌ́st]

☐ ❿ **well-being** 행복
[wélbì:iŋ]

자주 사용되는 표현을 익히자!

❷ I completed a mission.   임무를 완수했습니다.

❹ We have a limited scope of freedom.   우리에게는 한정된 범위의 자유밖에 없다.

❺ That's a pity.   유감입니다.

❻ I can't get rid of my fatigue.   피로가 가시지 않는다.

❾ The dust hung in the air.   먼지가 공중에 떠다닌다.

파생어 · 관련어

❼ vígorous 기운찬   ❾ dústy 먼지투성이의

영어로 말해보자!

1 피로가 가시지 않는다.   I can't get rid of my _____.

2 우리는 경계선을 넘었다.   We crossed the _____.

3 유감입니다.   That's a _____.

4 그들은 극도로 빈곤한 생활을   They live in extreme _____.
   하고 있다.

5 먼지가 공중에 떠다닌다.   The _____ hung in the air.

6 우리는 행복감을 맛보았다.   We experienced a sense
                                 of _____.

7 우리에게는 한정된 범위의   We have a limited _____ of
   자유밖에 없다.   freedom.

8 그것은 매우 유용하다.   It has great _____.

9 그녀는 활력이 넘친다.   She is full of _____.

10 임무를 완수했습니다.   I completed a _____.

고등학교과정 3

---

1 fatigue   2 border   3 pity   4 poverty   5 dust
6 well-being   7 scope   8 utility   9 vigor   10 mission

Unit 123

단어를 보자!

□ ❶ **offspring** 자손
[ɑ́:fspriŋ]

□ ❷ **ambulance** 구급차
[ǽmbjuləns]

□ ❸ **unit** 단위
[jú:nit]

□ ❹ **compromise** 타협(하다)
[kɑ́mprəmàiz]

□ ❺ **edge** 가장자리·날
[édʒ]

□ ❻ **command** 명령(하다)·
[kəmǽnd] 지배력

□ ❼ **fellow** 남자·동료
[félou]

□ ❽ **sight** 시야·광경
[sáit]

□ ❾ **institution** 기관·제도
[ìnstət(j)ú:ʃən]

□ ❿ **passion** 정열
[pǽʃən]

자주 사용되는 표현을 익히자!

❷ Call an ambulance. 구급차를 불러 주세요.

❹ There was a compromise 양 쪽에 타협이 있었다.
on both sides.

❼ He is a nice fellow. 그는 좋은 동료이다.

❽ The sea came into sight. 바다가 시야에 들어왔다.

❿ She has a passion for 그녀는 교육에 열정을 가지고 있다.
education.

파생어 · 관련어

❾ ínstitute 연구소·제정하다 ❿ pássionate 정열적인

영어로 말해보자!

1   나는 그의 명령에 따랐다.   I followed his _____.

2   그는 좋은 동료이다.   He is a nice _____.

3   이것은 측량 단위이다.   It is a _____ of measurement.

4   양 쪽에 타협이 있었다.   There was a _____ on both sides.

5   그에게는 많은 자손이 있다.   He has many _____.

6   바다가 시야에 들어왔다.   The sea came into _____.

7   그것은 공공기관이다.   It is a public _____.

8   구급차를 불러 주세요.   Call an _____.

9   그는 벼랑 끝에 섰다.   He stood at the _____ of the cliff.

10   그녀는 교육에 열정을 가지고 있다.   She has a _____ for education.

고등학교과정 3

---

1 command   2 fellow   3 unit   4 compromise
5 offspring   6 sight   7 institution   8 ambulance
9 edge   10 passion

Unit 124

단어를 보자!

□ ❶ **impulse** 충동
[ímpʌls]

□ ❷ **bay** 만
[béi]

□ ❸ **vehicle** 차
[ví:kl]

□ ❹ **riot** 폭동
[ráiət]

□ ❺ **might** 힘
[máit]

□ ❻ **seed** 종자
[sí:d]

□ ❼ **suicide** 자살
[sú:əsàid]

□ ❽ **principle** 원칙·주의
[prínsəpl]

□ ❾ **statistics** 통계
[stətístiks]

□ ❿ **dialogue** 대화
[dáiəlɔ̀:g]

자주 사용되는 표현을 익히자!

❷ I bought it on impulse.   그것을 충동 구매했다.

❹ A riot broke out.   폭동이 일어났다.

❼ He committed suicide.   그는 자살했다.

❽ In principle, I agree.   원칙적으로는 찬성입니다.

❾ It is based on the statistics.   그것은 통계에 기초를 둔다.

파생어 · 관련어

❺ míghty 힘센   ❾ statístical 통계상의

262

영어로 말해보자!

1 나는 그녀의 차를 빌렸다.   I borrowed her _____.

2 그것을 충동 구매했다.   I bought it on _____.

3 그것은 유익한 대화였다.   It was a fruitful _____.

4 나는 씨를 뿌렸다.   I planted some _____.

5 그는 자살했다.   He committed _____.

6 나는 전력을 다해 그것을 했다.   I did it with all my _____.

7 원칙적으로는 찬성입니다.   In _____, I agree.

8 만은 자연 항구이다.   The _____ is a natural harbor.

9 그것은 통계에 기초를 둔다.   It is based on the _____.

10 폭동이 일어났다.   A _____ broke out.

고등학교과정3

1 vehicle   2 impulse   3 dialogue   4 seeds   5 suicide
6 might   7 principle   8 bay   9 statistics   10 riot

263

Unit 125

단어를 보자 !

- [ ] ❶ **spectator** 구경꾼
  [spékteitər]

- [ ] ❷ **sword** 칼
  [sɔ́:rd]

- [ ] ❸ **bottom** 밑바닥
  [bátəm]

- [ ] ❹ **branch** 가지·지점
  [bræntʃ]

- [ ] ❺ **heaven** 천국
  [hévən]

- [ ] ❻ **hell** 지옥
  [hél]

- [ ] ❼ **department** 부문
  [dipá:rtmənt]

- [ ] ❽ **monument** 기념비
  [mánjumənt]

- [ ] ❾ **obstacle** 장애
  [ábstəkl]

- [ ] ❿ **surplus** 나머지·잉여금
  [sə́:rplʌs]

자주 사용되는 표현을 익히자!

❷ The pen is mightier than the sword.
펜은 칼보다 강하다.

❹ She broke a branch.
그녀는 나뭇가지를 꺾었다.

❼ I am in the sales department.
나는 영업부에 있다.

❽ They built a monument.
그들은 기념비를 세웠다.

❾ We overcame many obstacles.
우리는 많은 장애를 극복했다.

파생어 · 관련어

❶ spéctacle 광경 ❽ monuméntal 기념의

영어로 말해보자!

| 1 | 진심으로 감사하고 있습니다. | I thank you from the _____ of my heart. |

2 우리는 많은 장애를 극복했다.　　We overcame many _____.

3 많은 구경꾼이 모였다.　　Many _____ gathered.

4 그것은 바로 지옥이었다.　　It was just like _____.

5 그녀는 나뭇가지를 꺾었다.　　She broke a _____.

6 그들은 기념비를 세웠다.　　They built a _____.

7 하늘로부터 소리를 들었다.　　I heard a voice from _____.

8 펜은 칼보다 강하다.　　The pen is mightier than the _____.

9 우리는 여분의 음식물을 가지고 있다.　　We have a food _____.

10 나는 영업부에 있다.　　I am in the sales _____.

고등학교과정3

---

1 bottom　2 obstacles　3 spectators　4 hell
5 branch　6 monument　7 heaven　8 sword
9 surplus　10 department

Unit 126

단어를 보자!

□ ❶ **appliance** 기구
[əpláiəns]

□ ❷ **commerce** 상업
[kámərs]

□ ❸ **priority** 우선
[praió:rəti]

□ ❹ **liquid** 액체(의)
[líkwid]

□ ❺ **heir** 상속인
[éər]

□ ❻ **empire** 제국
[émpaiər]

□ ❼ **friction** 마찰
[fríkʃən]

□ ❽ **site** 장소
[sáit]

□ ❾ **executive** 집행 위원회
[igzékjutiv]

□ ❿ **commodity** 상품
[kəmádəti]

자주 사용되는 표현을 익히자!

❷ It is the center of commerce. 그곳은 상업의 중심지이다.

❸ This is my first priority. 이것이 나의 최우선 사항이다.

❹ It is a colorless liquid. 그것은 무색의 액체이다.

❽ Where is the site of the accident ? 그 사고 현장은 어디입니까?

❾ She is the Chief Executive Officer. 그녀는 CEO이다.

파생어 · 관련어

❷ commércial 상업의 ❸ príor 전의 ❹ sólid 고체(의)
❻ émperor 황제 ❾ éxecute 실행하다

NOTES : ❷ CM(commecial message : 광고방송) ❽ 포털 사이트

영어로 말해보자!

1 그것은 무색의 액체이다.

It is a colorless _____.

2 그들은 높은 품질의 상품을 판다.

They sell high quality _____.

3 그 사고 현장은 어디입니까?

Where is the _____ of the accident?

4 그는 제국을 세웠다.

He built up an _____.

5 이것이 나의 최우선 사항이다.

This is my first _____.

6 그가 그 재산의 상속인이다.

He is the _____ to the fortune.

7 그들은 많은 전기제품을 가지고 있다.

They have many electric _____.

8 그녀는 CEO이다.

She is the Chief _____ Officer.

9 그들의 불화가 더욱 악화되었다.

The _____ in their relationship has worsened.

10 그곳은 상업의 중심지이다.

It is the center of _____.

---

1 liquid   2 commodities   3 site   4 empire
5 priority   6 heir   7 appliances   8 Executive
9 friction   10 commerce

Unit 127

단어를 보자!

□ ❶ **horror** 공포
[hɔ́:rər]

□ ❷ **strain** 긴장(시키다)
[stréin]

□ ❸ **budget** 예산
[bʌ́dʒit]

□ ❹ **pastime** 기분전환·취미
[pǽstàim]

□ ❺ **interval** 간격
[íntərvəl]

□ ❻ **canal** 운하
[kənǽl]

□ ❼ **sorrow** 슬픔
[sárou]

□ ❽ **biography** 전기
[baiágrəfi]

□ ❾ **superstition** 미신
[sù:pərstíʃən]

□ ❿ **peasant** 소작농
[péznt]

자주 사용되는 표현을 익히자!

❶ I saw a horror movie. 공포영화를 봤다.

❸ What is your budget? 예산은 어느 정도입니까?

❹ My favorite pastime is watching DVDs. 내가 좋아하는 취미는 DVD를 보는 것이다.

❺ Trains run at regular intervals. 열차는 일정한 간격으로 달린다.

❾ It is only a superstition. 그것은 단지 미신일 뿐이다.

파생어 · 관련어

❶ hórrify 무서워하게 하다 ❾ superstítious 미신의

영어로 말해보자!

1 예산은 어느 정도입니까?

What is your _____?

2 내가 좋아하는 취미는 DVD 를 보는 것이다.

My favorite _____ is watching DVDs.

3 그것은 긴장을 완화시킨다.

It relieves the _____.

4 그녀의 전기가 베스트셀러가 되었다.

Her _____ became a bestseller.

5 그의 슬픔을 이해한다.

I understand his _____.

6 공포영화를 봤다.

I saw a _____ movie.

7 그는 소작농처럼 살았다.

He lived like a _____.

8 그것은 단지 미신일 뿐이다.

It is only a _____.

9 우리는 파나마 운하를 통과했다.

We went through the Panama _____.

10 열차는 일정한 간격으로 달린다.

Trains run at regular _____.

고등학교과정 3

---

1 budget	2 pastime	3 strain	4 biography
5 sorrow	6 horror	7 peasant	8 superstition
9 Canal	10 intervals		

Unit 128

단어를 보자!

□ ❶ **trap**
[trǽp]
덫

□ ❷ **emergency**
[imɔ́:rdʒənsi]
긴급

□ ❸ **witness**
[wítnis]
목격자 ·
목격하다

□ ❹ **cell**
[sél]
세포 ·
작은 방

□ ❺ **baggage**
[bǽgidʒ]
수하물

□ ❻ **temper**
[témpər]
성질

□ ❼ **sweat**
[swét]
땀

□ ❽ **geometry**
[dʒiámətri]
기하학

□ ❾ **legend**
[lédʒənd]
전설

□ ❿ **strategy**
[strǽtədʒi]
전략

자주 사용되는 표현을 익히자!

❶ I was caught in a trap.　　　덫에 걸렸다.

❷ I made an emergency call.　　비상 전화를 했다.

❸ We found a witness.　　　　우리는 목격자를 찾았다.

❻ She lost her temper.　　　　그녀는 화를 냈다.

❼ No sweat.　　　　　　　　괜찮아.

❺ lúggage 수하물　❻ shórt-témpered 성급한　❽ geométrical 기하학의
❾ légendary 전설의

270

영어로 말해보자!

1 수하물을 잊지 마세요.　　　　Don't forget your _____.

2 괜찮아.　　　　No _____.

3 덫에 걸렸다.　　　　I was caught in a _____.

4 그는 전설적인 인물이다.　　　　He is a man of _____.

5 비상 전화를 했다.　　　　I made an _____ call.

6 거리를 재기 위해서 기하학이 필요하다.　　　　_____ is used to measure distances.

7 그녀는 화를 냈다.　　　　She lost her _____.

8 그들은 전략을 생각해냈다.　　　　They devised a _____.

9 우리의 세포는 분열하고 있다.　　　　Our _____ are dividing.

10 우리는 목격자를 찾았다.　　　　We found a _____.

고등학교과정3

---

1 baggage　2 sweat　3 trap　4 legend　5 emergency
6 Geometry　7 temper　8 strategy　9 cells　10 witness

Unit 129

단어를 보자!

□ ❶ **constant** 일정한
[kánstənt]

□ ❷ **supreme** 최고의
[səpríːm]

□ ❸ **rigid** 굳은
[rídʒid]

□ ❹ **vacant** 빈
[véikənt]

□ ❺ **innocent** 결백한 ·
[ínəs(ə)nt] 천진난만한

□ ❻ **guilty** 유죄의
[gílti]

□ ❼ **modest** 겸손한
[mádist]

□ ❽ **casual** 부주의한 · 우연한
[kǽʒuəl]

□ ❾ **political** 정치적인
[pəlítikəl]

□ ❿ **pale** 창백한
[péil]

자주 사용되는 표현을 익히자!

❹ The seat is vacant.　　　　그 좌석은 비어 있다.

❺ He was innocent.　　　　그는 무죄였다.

❻ I feel guilty.　　　　죄책감을 느낍니다.

❾ It is a political matter.　　　　그것은 정치적인 문제이다.

❿ You look pale.　　　　얼굴이 창백하구나.

파생어 · 관련어

❹ vácancy 공허　❺ ínnocence 무죄 · 순진　❻ gúilt 유죄
❼ módesty 겸손　❾ pólitics 정치

영어로 말해보자!

1 죄책감을 느낍니다.　　　　　　　I feel _____.

2 유행은 끊임없이 변한다.　　　　　Fashion is in _____ change.

3 그는 무죄였다.　　　　　　　　　He was _____.

4 그것은 대법원까지 갔다.　　　　　It went up to the _____ Court.

5 얼굴이 창백하구나.　　　　　　　You look _____.

6 그는 굳은 신념을 가지고 있다.　　He has _____ beliefs.

7 그 좌석은 비어 있다.　　　　　　The seat is _____.

8 그는 예의 바르며 겸손하다.　　　He is polite and _____.

9 그것은 정치적인 문제이다.　　　　It is a _____ matter.

10 그녀는 가벼운 복장을 하고 있다.　She wears _____ clothes.

고등학교과정3

---

1 guilty　　2 constant　　3 innocent　　4 Supreme　　5 pale
6 rigid　　7 vacant　　8 modest　　9 political　　10 casual

Unit 130

단어를 보자!

- □ ❶ **conservative** 보수적인
  [kənsə́:rvətiv]

- □ ❷ **radical** 근본(혁명)적인
  [rǽdikəl]

- □ ❸ **thorough** 완전한
  [θə́:rou]

- □ ❹ **ultimate** 결정적인
  [ʌ́ltəmət]

- □ ❺ **incredible** 믿을 수 없는
  [inkrédəbl]

- □ ❻ **reluctant** 마음이 내키지 않는
  [rilʌ́ktənt]

- □ ❼ **grave** 중대한
  [gréiv]

- □ ❽ **identical** 동일의
  [aidéntikəl]

- □ ❾ **rational** 합리적인
  [rǽʃənl]

- □ ❿ **rare** 드문
  [réər]

자주 사용되는 표현을 익히자!

❹ What's your ultimate goal? — 당신의 궁극적인 목표는 무엇입니까?

❺ The cost was incredible. — 그 비용은 믿을 수 없었다.

❻ I'm reluctant to join them. — 그들과 함께 하는 것은 마음이 내키지 않습니다.

❼ I made a grave mistake. — 중대한 실수를 했습니다.

❿ It is a rare case. — 그것은 드문 경우이다.

파생어 · 관련어

❶ consérve 보존하다 ❼ grávity 중대함:중력 ❽ idéntify 동일시하다
❾ rationálity 합리성 ❿ rárely 드물게

영어로 말해보자!

1 그것은 합리적인 결정이었다.　　It was a ＿＿＿＿＿ decision.

2 우리는 철저하게 검사했다.　　We did a ＿＿＿＿＿ check-up.

3 그는 모든 것에 보수적이다.　　He is ＿＿＿＿＿ about everything.

4 그들과 함께 하는 것은 마음이 내키지 않는다.　　I'm ＿＿＿＿＿ to join them.

5 그들은 근본적인 변혁을 이루었다.　　They made a ＿＿＿＿＿ change.

6 중대한 실수를 했습니다.　　I made a ＿＿＿＿＿ mistake.

7 그 비용은 믿을 수 없었다.　　The cost was ＿＿＿＿＿.

8 그것들은 색을 제외하면 동일하다.　　They are ＿＿＿＿＿ except for color.

9 그것은 드문 경우이다.　　It is a ＿＿＿＿＿ case.

10 당신의 궁극적인 목표는 무엇입니까?　　What's your ＿＿＿＿＿ goal?

고등학교과정3

1 rational	2 thorough	3 conservative	4 reluctant
5 radical	6 grave	7 incredible	8 identical
9 rare	10 ultimate		

Unit 131

단어를 보자!

☐ ❶ **moderate** [mád(ə)rət]	적당한	☐ ❷ **tender** [téndər]	다정한
☐ ❸ **deliberate** [dilíbərət]	신중한· 고의적인	☐ ❹ **superior** [səpí(ə)riər]	우수한
☐ ❺ **inferior** [infí(ə)riər]	열등한	☐ ❻ **stubborn** [stábərn]	완고한
☐ ❼ **minute** [main(j)ú:t]	세심한	☐ ❽ **awake** [əwéik]	잠이 깬· 일어나다
☐ ❾ **evil** [í:vəl]	사악한	☐ ❿ **compact** [kəmpækt]	소형의

자주 사용되는 표현을 익히자!

❶ Moderate exercise is necessary. 적당한 운동은 필요하다.

❹ His skill is superior to mine. 그는 나보다 기술이 더 우수하다.

❺ I'm inferior to her in knowledge. 나는 그녀보다 지식이 떨어진다.

❻ He is a stubborn old man. 그는 완고한 노인이다.

❽ I was awake at 2 a.m. 나는 오전 2시에 일어나 있었다.

파생어 · 관련어

❷ ténderness 부드러움 ❸ deliberátion 숙고 ❹ superiórity 우월
❺ inferiórity 열등 ❻ stúbbornness 완고

NOTES : ❶ (음악용어) 모데라토(moderato - 보통 빠르기로 연주) ❿ 콤팩트 디스크(CD)

영어로 말해보자!

1 그는 완고한 노인이다.

He is a _____ old man.

2 나는 오전 2시에 일어나 있었다.

I was _____ at 2 a.m.

3 그녀는 다정한 마음씨를 가지고 있다.

She has a _____ heart.

4 적당한 운동은 필요하다.

_____ exercise is necessary.

5 그것은 사악한 행위이다.

It is an _____ act.

6 그는 고의적으로 우리를 방해하려 했다.

He made a _____ attempt to stop us.

7 그는 나보다 기술이 더 우수하다.

His skill is _____ to mine.

8 그녀는 사소한 것에 신경을 쓴다.

She cares about _____ things.

9 나는 그녀보다 지식이 떨어진다.

I'm _____ to her in knowledge.

10 소형 카메라를 원합니다.

I want a _____ video camera.

고등학교과정 3

---

1 stubborn 2 awake 3 tender 4 Moderate 5 evil
6 deliberate 7 superior 8 minute 9 inferior 10 compact

Unit 132

단어를 보자!

- [ ] ❶ **temporary** 일시적인
  [témpərèri]

- [ ] ❷ **contemporary** 현대의
  [kəntémpərèri]

- [ ] ❸ **generous** 관대한
  [dʒén(ə)rəs]

- [ ] ❹ **prompt** 재빠른
  [prámpt]

- [ ] ❺ **athletic** 체육의
  [æθlétik]

- [ ] ❻ **rough** 거친
  [rʌ́f]

- [ ] ❼ **feminine** 여자다운
  [fémənin]

- [ ] ❽ **masculine** 남성적인
  [mǽskjulin]

- [ ] ❾ **virtual** 사실상의
  [və́:rtʃuəl]

- [ ] ❿ **sensible** 분별이 있는
  [sénsəbl]

자주 사용되는 표현을 익히자!

❶ This is my temporary job.　　이것은 임시직이다.

❷ I like contemporary music.　　현대음악을 좋아합니다.

❸ I appreciate your generous　　아낌없는 성원에 감사드립니다.
offer.

❻ I made a rough calculation.　　어림잡아 계산했습니다.

❿ She made a sensible choice.　　그녀는 현명한 선택을 했다.

파생어 · 관련어

❸ generósity 관대　❺ áthlete 운동선수　❿ sénsitive 민감한

영어로 말해보자!

1 그녀는 약간 남자 같다.　　　　She is somewhat ＿＿＿＿＿＿＿.

2 현대음악을 좋아합니다.　　　　I like ＿＿＿＿＿＿＿ music.

3 그것은 사실상 실패다.　　　　It is a ＿＿＿＿＿ failure.

4 우리는 운동회를 열었다.　　　　We had an ＿＿＿＿＿ meet.

5 당신은 여성의 본질을 알고　　　Do you understand ＿＿＿＿＿
　있습니까?　　　　　　　　　　nature?

6 어림잡아 계산했습니다.　　　　I made a ＿＿＿＿＿ calculation.

7 그들은 재빠르게 행동했다.　　　They took ＿＿＿＿＿ actions.

8 아낌없는 성원에 감사드립니다.　I appreciate your ＿＿＿＿＿ offer.

9 그녀는 현명한 선택을 했다.　　She made a ＿＿＿＿＿ choice.

10 이것은 임시직이다.　　　　　This is my ＿＿＿＿＿ job.

고등학교과정 3

1 masculine	2 contemporary	3 virtual	4 athletic
5 feminine	6 rough	7 prompt	8 generous
9 sensible	10 temporary		

Unit 133

단어를 보자 !

☐ ❶ **dominant** 지배적인
[dámənənt]

☐ ❷ **selfish** 이기적인
[sélfiʃ]

☐ ❸ **brutal** 잔혹한
[brú:tl]

☐ ❹ **tiny** 자그마한
[táini]

☐ ❺ **active** 적극적인
[ǽktiv]

☐ ❻ **passive** 소극적인
[pǽsiv]

☐ ❼ **tame** 길들여진·온순한
[téim]

☐ ❽ **eloquent** 웅변의
[éləkwənt]

☐ ❾ **efficient** 효율적인
[ifíʃənt]

☐ ❿ **distinct** 뚜렷한
[distíŋkt]

자주 사용되는 표현을 익히자!

❶ He is a dominant figure.   그는 유력자이다.

❷ You are so selfish.   정말 이기적이시군요.

❹ I found a tiny hole.   나는 조그마한 구멍을 발견했다.

❺ She is active in the community.   그녀는 지역 사회에서 활동적이다.

❼ This dog is tame.   이 개는 길들여져 있다.

파생어 · 관련어

❶ dóminate 지배하다   ❸ brutálity 잔인성   ❾ effíciency 효율
❿ distínction 구별

영어로 말해보자!

1 정말 이기적이시군요. You are so _____.

2 이 방법은 매우 효율적이다. This method is very _____.

3 그녀는 지역 사회에서 활동적이다. She is _____ in the community.

4 그는 유력자이다. He is a _____ figure.

5 우리는 확실한 차이를 찾아낼 수 있다. We can find a _____ difference.

6 잔혹한 살인이 일어났다. A _____ murder occurred.

7 이 개는 길들여져 있다. This dog is _____.

8 그는 웅변가이다. He is an _____ speaker.

9 나는 조그마한 구멍을 발견했다. I found a _____ hole.

10 당신은 소극적인 접근을 하고 있다. You have a _____ approach.

고등학교과정 3

---

1 selfish 2 efficient 3 active 4 dominant 5 distinct
6 brutal 7 tame 8 eloquent 9 tiny 10 passive

Unit 134

단어를 보자!

☐ ❶ **hostile**
[hάstl]
적의가 있는

☐ ❷ **critical**
[krítikəl]
중대한·비평의

☐ ❸ **punctual**
[pʌ́ŋktʃuəl]
시간을 지키는

☐ ❹ **shallow**
[ʃǽlou]
얕은

☐ ❺ **cruel**
[krú:əl]
잔혹한

☐ ❻ **intimate**
[íntəmət]
친밀한

☐ ❼ **subjective**
[səbdʒéktiv]
주관적인

☐ ❽ **objective**
[əbdʒéktiv]
객관적인·목표

☐ ❾ **brief**
[brí:f]
짧은

☐ ❿ **chemical**
[kémikəl]
화학의·
화학 약품

자주 사용되는 표현을 익히자!

❶ She has hostile feelings towards me.
그녀는 나에게 적의를 느끼고 있다.

❷ He is in critical condition.
그는 위독한 상태입니다.

❸ You should be punctual.
시간을 엄수해야 합니다.

❻ We are intimate friends.
우리는 친한 친구입니다.

❾ Be brief and to the point.
간결하고 요령 있게.

파생어 · 관련어

❶ hostílity 적의   ❺ crúelty 잔혹   ❻ íntimacy 친밀

282

영어로 말해보자!

1 바다는 얕았다.

The sea was _____.

2 시간을 엄수해야 합니다.

You should be _____.

3 그녀는 나에게 적의를 느끼고 있다.

She has _____ feelings towards me.

4 화학 반응이 일어났다.

A _____ reaction took place.

5 그는 위독한 상태입니다.

He is in _____ condition.

6 그것은 저의 주관적인 관점입니다.

It's my _____ view.

7 간결하고 요령 있게.

Be _____ and to the point.

8 나에게는 객관적인 데이터가 있다.

I have _____ data.

9 우리는 치한 친구입니다.

We are _____ friends.

10 그는 잔혹한 처사를 당했다.

He was treated in a _____ way.

---

1 shallow   2 punctual   3 hostile   4 chemical   5 critical

6 subjective   7 brief   8 objective   9 intimate   10 cruel

Unit 135

단어를 보자 !

☐ ❶ **legal** 합법의
[líːgəl]

☐ ❷ **concise** 간결한
[kənsáis]

☐ ❸ **ridiculous** 터무니없는
[ridíkjuləs]

☐ ❹ **splendid** 눈부신
[spléndid]

☐ ❺ **vast** 광대한
[vǽst]

☐ ❻ **diligent** 근면한
[dílədʒənt]

☐ ❼ **flat** 평평한
[flǽt]

☐ ❽ **remote** 먼
[rimóut]

☐ ❾ **vain** 쓸모없는
[véin]

☐ ❿ **mutual** 상호의
[mjúːtʃuəl]

자주 사용되는 표현을 익히자!

❶ We will take legal action.   우리는 법적 조치를 취할 것이다.

❸ What a ridiculous idea!   얼마나 터무니없는 생각인지!

❻ She is a diligent student.   그녀는 근면한 학생이다.

❼ I got a flat tire.   타이어에 펑크가 났다.

❾ It was a vain attempt.   그것은 쓸데없는 시도였다.

파생어 · 관련어

❶ illégal 불법의   ❻ díligence 근면   ❿ mutuálity 상호관계

NOTES : ⑧ 리모컨(remote control)   ⑩ 뮤추얼 펀드(mutual fund)

영어로 말해보자!

1   화려한 야경을 즐길 수 있습니다.   You can enjoy a _____ night view.

2   우리는 법적 조치를 취할 것이다.   We will take _____ action.

3   타이어에 펑크가 났다.   I got a _____ tire.

4   그것은 먼 과거의 일이다.   It is in the _____ past.

5   그것은 쓸데없는 시도였다.   It was a _____ attempt.

6   그녀는 근면한 학생이다.   She is a _____ student.

7   그녀의 설명은 간결했다.   Her explanation was _____.

8   얼마나 터무니없는 생각인지!   What a _____ idea!

9   그것은 서로 이익이 된다.   It is of _____ benefit.

10   대다수가 그것에 반대했다.   The _____ majority opposed it.

고등학교과정 3

| 1 splendid | 2 legal | 3 flat | 4 remote | 5 vain |
| 6 diligent | 7 concise | 8 ridiculous | 9 mutual | 10 vast |

Unit 136

단어를 보자!

□ ❶ **vague** 애매한
[véig]

□ ❷ **neat** 정돈된
[níːt]

□ ❸ **illiterate** 문맹의
[ilítərət]

□ ❹ **diverse** 다양한
[divə́ːrs]

□ ❺ **faint** 희미한·기절하다
[féint]

□ ❻ **neutral** 중립인
[n(j)úːtrəl]

□ ❼ **elaborate** 정성들인
[ilǽbərət]

□ ❽ **bare** 나체의
[béər]

□ ❾ **vital** 없어서는 안 될
[váitl]

□ ❿ **humid** 습기 찬
[hjúːmid]

자주 사용되는 표현을 익히자!

❷ The room was neat. 그 방은 정돈되어 있었다.

❸ I'm computer illiterate. 나는 컴맹이다.

❺ There was a faint sound. 어렴풋한 소리가 났다

❼ We made an elaborate plan. 우리는 정성들여 계획을 세웠다.

❿ It is hot and humid. 덥고 습하다.

파생어 · 관련어

❸ líteracy 읽고 쓰는 능력 ❹ divérsity 다양성 ❿ humídity 습도

286

영어로 말해보자!

1. 덥고 습하다.

   It is hot and _____.

2. 나는 중립적인 입장을 유지했다.

   I kept a _____ position.

3. 어렴풋한 소리가 났다.

   There was a _____ sound.

4. 사람들은 다양한 버릇이 있다.

   People have _____ habits.

5. 그 방은 정돈되어 있었다.

   The room was _____.

6. 그는 맨발이었다.

   His feet were _____.

7. 그것은 우리의 생활에 없어서는 안 된다.

   It is _____ for our life.

8. 나는 컴맹이다.

   I'm computer _____.

9. 그의 대답은 애매했다.

   His answer was _____.

10. 우리는 정성들여 계획을 세웠다.

    We made an _____ plan.

고등학교과정 3

---

1 humid 2 neutral 3 faint 4 diverse 5 neat
6 bare 7 vital 8 illiterate 9 vague 10 elaborate

Unit 137

부사 4-1

단어를 보자!

□ ❶ **otherwise** 그렇지 않다면
　　[ʌ́ðərwáiz]

□ ❷ **eventually** 결국
　　[ivéntʃuəli]

□ ❸ **therefore** 따라서
　　[ðérfɔ̀ːr]

□ ❹ **mostly** 대부분
　　[móustli]

□ ❺ **approximately** 대체로
　　[əpráksəmətli]

□ ❻ **quite** 전적으로
　　[kwáit]

□ ❼ **literally** 문자 그대로
　　[lítərəli]

□ ❽ **indeed** 정말로
　　[indíːd]

□ ❾ **gradually** 서서히
　　[grǽdʒuəli]

□ ❿ **moreover** 게다가
　　[mɔːróuvər]

자주 사용되는 표현을 익히자!

❶ Otherwise, I wouldn't go.　　그렇지 않다면, 가지 않겠다.

❷ Eventually everybody agreed.　　결국 모두가 찬성했다.

❸ Therefore, we were happy.　　그 결과, 우리는 행복했다.

❺ It takes approximately 1 hour.　　약 1시간이 걸린다.

❻ It's quite natural.　　그것은 전적으로 당연하다.

파생어 · 관련어

❸ thús 그래서　　❽ áctually 실제로　　❿ fúrthermore 더욱이

288

영어로 말해보자!

1 그는 글자 그대로 영웅이다.   He is _____ a hero.

2 결국 모두가 찬성했다.   _____ everybody agreed.

3 약 1시간이 걸린다.   It takes _____ 1 hour.

4 그들은 대부분이 학생이다.   They are _____ students.

5 그는 서서히 회복하고 있다.   He's recovering _____.

6 게다가 그것은 무료이다.   _____, it is free.

7 그 결과, 우리는 행복했다.   _____, we were happy.

8 그것은 전적으로 당연하다.   It's _____ natural.

9 그렇지 않다면, 가지 않겠다.   _____, I wouldn't go.

10 정말로 그녀는 믿을만하다.   _____, she is reliable.

고등학교 교과정 3

1 literally	2 Eventually	3 approximately
4 mostly		
5 gradually	6 Moreover	7 Therefore
8 quite		
9 Otherwise	10 Indeed	

이제 한 그룹만이 남았습니다. 시중의 단어 책들 중에서는 마지막 부분에 갑자기 많은 단어가 나오는 경우도 있으나 이 책은 모든 그룹이 똑같은 레이아웃으로 구성되어 있습니다. 그러므로 마지막 한 단어까지 꾸준하게 공부하실 수 있습니다.

마지막까지 분발하여 이 책을 마치도록 합시다. UNIT 1부터 시작하여 1720단어(이 책의 모든 단어)를 정복하는 것을 목표로 열심히 합시다!

Group 4의 불규칙 동사

현재	과거	과거분사			
sink	sank	sunk	arise	arose	arisen
cast	cast	cast	steal	stole	stolen
forgive	forgave	forgiven	tear	tore	torn
weep	wept	wept	withdraw	withdrew	withdrawn
overtake	overtook	overtaken	bear	bore	born(e)
undergo	underwent	undergone	dwell	dwelt	dwelt(or -ed)
undertake	undertook	undertaken			

Group5 UNIT 138-172

고등학교 과정 4

Unit 138

단어를 보자!

☐ ❶ **lessen** 적어지다
[lésn]

☐ ❷ **conform** 따르다 · 같아지다
[kənfɔ́ːrm]

☐ ❸ **reinforce** 강화하다
[rìːinfɔ́ːrs]

☐ ❹ **circulate** 순환하다
[sə́ːrkjulèit]

☐ ❺ **forbid** 금하다
[fərbíd]

☐ ❻ **bloom** 꽃이 피다
[blúːm]

☐ ❼ **esteem** 존경(하다)
[istíːm]

☐ ❽ **startle** 깜짝 놀라게 하다
[stáːrtl]

☐ ❾ **decline** 거절하다 · 쇠퇴하다
[dikláin]

☐ ❿ **abound** 풍부하다
[əbáund]

자주 사용되는 표현을 익히자!

❶ It lessens my stress. 그것은 내 스트레스를 완화시킨다.

❹ The rumor circulated quickly. 그 소문은 바로 퍼졌다.

❺ She is forbidden from going out. 그녀는 외출이 금지되었다.

❻ This flower blooms in spring. 이 꽃은 봄에 핀다.

❾ I declined the invitation. 나는 초대를 거절했다.

파생어 · 관련어

❷ conformity 일치 ❸ reinfórcement 강화
❹ circulátion 순환 circle 원 ❿ abúndant 풍부한

영어로 말해보자!

1 나는 초대를 거절했다.   I _____ the invitation.

2 우리의 바람을 충족시켜 주세요.   Please _____ to our wishes.

3 그녀는 외출이 금지되었다.   She is _____ from going out.

4 나는 그 광경에 놀랐다.   I was _____ by the sight.

5 이 강에는 물고기가 많이 있다.   Fish _____ in this river.

6 그것은 내 스트레스를 완화시킨다.   It _____ my stress.

7 그는 지도자로서 존경받고 있다.   He is _____ as a leader.

8 그 소문은 바로 퍼졌다.   The rumor _____ quickly.

9 강화유리를 사용한다.   _____ glass is used.

10 이 꽃은 봄에 핀다.   This flower _____ in spring.

1 declined	2 conform	3 forbidden	4 startled
5 abound	6 lessens	7 esteemed	8 circulated
9 Reinforced	10 blooms		

Unit 139

단어를 보자!

□ ❶ **cheat** 속이다
[tʃíːt]

□ ❷ **accumulate** 축적하다
[əkjúːmjulèit]

□ ❸ **contradict** 모순되다
[kàntrədíkt]

□ ❹ **alarm** 위급을 알리다 · 경보
[əláːrm]

□ ❺ **foresee** 예견하다
[fɔːrsíː]

□ ❻ **dye** 물들이다
[dái]

□ ❼ **restrict** 제한하다
[ristríkt]

□ ❽ **leap** 뛰어오르다 · 뛰어오름
[líːp]

□ ❾ **spill** 엎지르다
[spíl]

□ ❿ **oblige** 의무를 지우다
[əbláidʒ]

자주 사용되는 표현을 익히자!

❶ He cheated on a test. 그는 시험에서 커닝을 했다.

❺ We can't foresee the future. 우리는 미래를 예견할 수 없다.

❻ She dyed her hair. 그녀는 머리를 염색했다.

❼ This is a restricted area. 여기는 출입 금지 지역이다.

❾ I spilled[spilt] water on the floor. 나는 마루에 물을 쏟았다.

파생어 · 관련어

❷ accumulátion 축적 ❸ contradíction 모순 ❺ foretéll 예언하다
❼ restríction 제한 ❿ obligátion 의무

영어로 말해보자!

1 그녀는 머리를 염색했다.　　　　She _____ her hair.

2 그것은 네가 말하는 것과 모순된다.　It _____ what you said.

3 여기는 출입 금지 지역이다.　　　This is a _____ area.

4 그는 울타리를 뛰어 넘었다.　　　He _____ over a fence.

5 매우 감사합니다.　　　　　　　I am much _____ to you.

6 우리는 미래를 예견할 수 없다.　　We can't _____ the future.

7 그 소리는 그들에게 위급을 알렸다.　The sound _____ them.

8 쓰레기는 빨리 쌓인다.　　　　　Trash _____ quickly.

9 그는 시험에서 커닝을 했다.　　　He _____ on a test.

10 나는 마루에 물을 쏟았다.　　　I _____ water on the floor.

고등학교과정 4

---

1 dyed　　2 contradicts　3 restricted　4 leaped
5 obliged　6 foresee　7 alarmed　8 accumulates
9 cheated　10 spilled[spilt]

단어를 보자!

☐ ❶ **preoccupy** 열중케 하다
[priːákjəpai]

☐ ❷ **distribute** 분배하다
[distríbjuːt]

☐ ❸ **illuminate** 밝게 비추다
[ilúːmənèit]

☐ ❹ **contend** 싸우다
[kənténd]

☐ ❺ **presume** 추정하다
[prizúːm]

☐ ❻ **sew** 꿰매다
[sóu]

☐ ❼ **digest** 소화하다
[daidʒést]

☐ ❽ **stick** 들러붙다·찌르다
[stík]

☐ ❾ **classify** 분류하다
[klǽsəfài]

☐ ❿ **illustrate** 예증하다
[íləstrèit]

자주 사용되는 표현을 익히자!

❶ He is preoccupied with gambling. 그는 도박에 빠져 있다.

❷ They distributed the profit. 그들은 이익을 분배했다.

❻ I'm sewing a Hanbok. 나는 한복 바느질을 하고 있다.

❼ These are easy to digest. 이것들은 소화하기 쉽다.

❾ I classified the books. 나는 책을 분류했다.

파생어 · 관련어

❶ preoccupátion 몰두 ❷ distribútion 분배 ❸ illuminátion 조명
❹ conténtion 싸움 ❺ presúmption 추정 ❼ digéstion 소화
❾ classificátion 분류 ❿ illustrátion 예시

영어로 말해보자!

1 나는 한복 바느질을 하고 있다.   I'm _____ a Hanbok.

2 그들은 이익을 분배했다.   They _____ the profit.

3 그는 도박에 빠져 있다.   He is _____ with gambling.

4 그는 원래의 계획을 고집한다.   He _____ to the original plan.

5 그것은 그의 열의를 나타내준다.   It _____ his motivation.

6 별이 하늘을 밝게 비춘다.   Stars _____ the sky.

7 나는 책을 분류했다.   I _____ the books.

8 그는 지금 일하고 있다고 생각한다.   I _____ he is working now.

9 그들은 승리를 위해 싸웠다.   They _____ for the victory.

10 이것들은 소화하기 쉽다.   These are easy to _____.

고등학교과정 4

1 sewing   2 distributed   3 preoccupied   4 sticks
5 illustrates   6 illuminate   7 classified   8 presume
9 contended   10 digest

297

Unit 141

단어를 보자!

□ ❶ **burst** 파열하다
[bə́ːrst]

□ ❷ **exceed** 넘어서다
[iksíːd]

□ ❸ **magnify** 확대하다
[mǽgnəfài]

□ ❹ **prolong** 연장하다
[prəlɔ́ːŋ]

□ ❺ **dispose** 처리(배치)하다
[dispóuz]

□ ❻ **inspire** 분발하게 하다
[inspáiər]

□ ❼ **penetrate** 관통하다
[pénətrèit]

□ ❽ **applaud** 박수갈채하다
[əplɔ́ːd]

□ ❾ **reside** 살다
[rizáid]

□ ❿ **cease** 그만두다
[síːs]

자주 사용되는 표현을 익히자!

❷ It exceeds the limit. 그것은 한계를 넘어섰다.

❺ I disposed of the garbage. 나는 쓰레기를 처리했다.

❻ I was inspired by his story. 나는 그의 이야기에 자극을 받았다.

❼ It penetrates the skin. 그것은 피부에 스며든다.

❿ Our friendship has ceased. 우리 우정은 끝났다.

파생어 · 관련어

❷ excéss 초과   ❺ dispósal 처분   ❻ inspirátion 자극·영감
❼ penetrátion 관통   ❽ appláuse 박수   ❾ résidence 주택
❿ cessátion 중지

298

영어로 말해보자!

1 체류를 연장하시겠습니까?   Will you _____ your stay?

2 그것은 한계를 넘어섰다.   It _____ the limit.

3 나는 확대경을 사용했다.   I used a _____ glass.

4 청중은 그녀에게 박수를 보냈다.   The audience _____ her.

5 나는 쓰레기를 처리했다.   I _____ of the garbage.

6 그녀는 울음을 터트렸다.   She _____ out crying.

7 그것은 피부에 스며든다.   It _____ the skin.

8 우리의 우정은 끝났다.   Our friendship has _____.

9 나는 그의 이야기에 자극을 받았다.   I was _____ by his story.

10 나는 캠퍼스에 살고 있다.   I _____ on campus.

고등학교과정 4

1 prolong   2 exceeds   3 magnifying   4 applauded
5 disposed   6 burst   7 penetrates   8 ceased
9 inspired   10 reside

Unit 142

단어를 보자!

☐ ❶ **deprive** 빼앗다
[dipráiv]

☐ ❷ **resign** 사직하다
[rizáin]

☐ ❸ **ascend** 올라가다
[əsénd]

☐ ❹ **descend** 내려가다
[disénd]

☐ ❺ **frown** 얼굴을 찡그리다
[fráun]

☐ ❻ **strive** 노력하다
[stráiv]

☐ ❼ **govern** 다스리다
[gávərn]

☐ ❽ **compel** 강요하다
[kəmpél]

☐ ❾ **enhance** 올리다
[inhǽns]

☐ ❿ **exhaust** 소모하다 · 배출
[igzɔ́:st]

자주 사용되는 표현을 익히자!

❷ I decided to resign.　　　　사직하기로 결심했습니다.

❺ She frowned at the idea.　　그녀는 그 생각에 얼굴을 찡그렸다.

❼ He governs the nation.　　　그가 그 나라를 통치하고 있다.

❾ It enhances the flavor.　　　그것이 풍미를 증진시킨다.

❿ I'm exhausted.　　　　　　나는 지쳤다.

파생어 · 관련어

❷ resignátion 사직　　❽ compúlsion 강제

영어로 말해보자!

1   비행기가 하강하고 있다. The plane is _____.

2   그들은 나에게서 그 기회를 빼앗았다. They _____ me of the chance.

3   그가 그 나라를 통치하고 있다. He _____ the nation.

4   그녀는 그 생각에 얼굴을 찡그렸다. She _____ at the idea.

5   그녀는 완벽을 목표로 노력한다. She _____ for perfection.

6   나는 지쳤다. I'm _____.

7   사직하기로 결심했습니다. I decided to _____.

8   우리는 정상을 향해 올라갔다. We _____ toward the top.

9   그것이 풍미를 증진시킨다. It _____ the flavor.

10 어쩔 수 없이 돌아와야 했다. I was _____ to return.

고등학교과정 4

---

1 descending   2 deprived   3 governs   4 frowned
5 strived   6 exhausted   7 resign   8 ascended
9 enhances   10 compelled

Unit 143

단어를 보자!

□ ❶ **conquer** 정복하다
[kÁŋkər]

□ ❷ **interact** 상호 작용하다
[ìntərǽkt]

□ ❸ **scatter** 흩뿌리다
[skǽtər]

□ ❹ **breed** 번식시키다
[brí:d]

□ ❺ **assemble** 모이다 · 조립하다
[əsémbl]

□ ❻ **multiply** 증가하다
[mΛ́ltəplài]

□ ❼ **glow** 빛을 발하다
[glóu]

□ ❽ **inquire** 묻다
[inkwáiər]

□ ❾ **exploit** 이용하다
[eksplɔ́it]

□ ❿ **omit** 생략하다
[oumít]

자주 사용되는 표현을 익히자!

❶ They conquered the market. 그들은 시장을 정복했다.

❸ Clothes were scattered about. 옷이 사방에 흩어져 있다.

❻ The number is multiplying. 그 수는 늘어나고 있다.

❽ I inquired about her condition. 나는 그녀의 상태를 물었다.

❿ I omitted details. 세부적인 것은 생략했다.

파생어 · 관련어

❶ cónquest 정복 ❷ interáction 상호 작용 ❺ assémbly 모임 · 조립
❻ multiplicátion 증가 · 곱셈 ❾ exploitátion 이용 ❿ omíssion 생략

영어로 말해보자!

1 초가 빛나고 있다.

A candle _____.

2 옷이 사방에 흩어져 있다.

Clothes were _____ about.

3 그것들은 상호 작용하고 있다.

They _____ with each other.

4 나는 그녀의 상태를 물었다.

I _____ about her condition.

5 그들은 시장을 정복했다.

They _____ the market.

6 사람들이 모여들기 시작했다.

People started to _____.

7 세부적인 것은 생략했다.

I _____ details.

8 그들은 개를 번식시키고 있다.

They _____ dogs.

9 나는 유리한 입장을 이용했다.

I _____ the advantage.

10 그 수는 늘어나고 있다.

The number is _____.

고등학교과정 4

---

1 glows   2 scattered   3 interact   4 inquired
5 conquered   6 assemble   7 omitted   8 breed
9 exploited   10 multiplying

Unit 144

단어를 보자!

☐ ❶ **tremble** 떨리다
[trémbl]

☐ ❷ **astonish** 놀라게 하다
[əstániʃ]

☐ ❸ **scream** 비명을 지르다
[skríːm]

☐ ❹ **reap** 수확하다
[ríːp]

☐ ❺ **approve** 승인하다
[əprúːv]

☐ ❻ **testify** 증언하다
[téstəfài]

☐ ❼ **signify** 뜻하다
[sígnəfài]

☐ ❽ **betray** 배반하다
[bitréi]

☐ ❾ **eliminate** 제거하다
[ilímənèit]

☐ ❿ **resume** 회복하다
[riz(j)úːm]

자주 사용되는 표현을 익히자!

❶ I was trembling with cold.   나는 추위로 떨고 있었다.

❸ She screamed for help.   그녀는 도와달라고 소리쳤다.

❻ He testified in the court.   그는 법정에서 증언했다.

❽ She betrayed us.   그녀는 우리를 배반했다.

❿ They resumed relations.   그들은 관계를 회복했다.

파생어 · 관련어

❷ astónishment 놀람   ❺ appróval 승인   ❾ eliminátion 제외
❿ resúmption 회복

NOTES :

영어로 말해보자!

1 나는 추위로 떨고 있었다.　　　　I was _____ with cold.

2 풍작이었다.　　　　We _____ a rich harvest.

3 그 약은 허가되었다.　　　　The drug was _____.

4 그녀는 우리를 배반했다.　　　　She _____ us.

5 그는 법정에서 증언했다.　　　　He _____ in the court.

6 우리는 오래된 제도를 배제했다.　　　　We _____ the old system.

7 그의 출현은 나를 놀라게 했다.　　　　His appearance _____ me.

8 그들은 관계를 회복했다.　　　　They _____ relations.

9 미소는 행복을 뜻한다.　　　　A smile _____ happiness.

10 그녀는 도와달라고 소리쳤다.　　　　She _____ for help.

고등학교과정 4

1 trembling	2 reaped	3 approved	4 betrayed
5 testified	6 eliminated	7 astonished	8 resumed
9 signifies	10 screamed		

Unit 145

단어를 보자 !

□ ❶ **long** 열망하다
[lɔ́:ŋ]

□ ❷ **gratify** 만족시키다
[grǽtəfài]

□ ❸ **attribute** 덕분으로 돌리다
[ətríbju:t]

□ ❹ **renounce** 포기하다
[rináuns]

□ ❺ **exert** 발휘하다
[igzɔ́:rt]

□ ❻ **suspend** 정지하다
[səspénd]

□ ❼ **intrude** 침입하다
[intrú:d]

□ ❽ **discriminate** 차별하다
[diskrímənèit]

□ ❾ **convert** 변화하다
[kənvə́:rt]

□ ❿ **inherit** 상속하다
[inhérit]

자주 사용되는 표현을 익히자!

❶ We long for peace. 우리는 평화를 열망한다.

❺ She exerted her influence. 그녀는 영향력을 발휘했다.

❻ The match was suspended. 그 시합은 중단되었다.

❼ Don't intrude on my privacy. 내 사생활에 개입하지 마라.

❽ They discriminated against 그들은 여성 노동자를 차별했다.
women workers.

파생어 · 관련어

❷ gratificátion 만족감 ❺ exértion 발휘 ❻ suspénsion 정지
❼ intrúsion 침입 ❽ discriminátion 차별 ❾ convérsion 변환
❿ inhéritance 상속

영어로 말해보자!

1	이 자리에 있게 되어 기쁩니다.	I'm _____ to be here.
2	그녀는 영향력을 발휘했다.	She _____ her influence.
3	내 사생활에 개입하지 마라.	Don't _____ on my privacy.
4	빛은 에너지로 변환된다.	Light is _____ to energy.
5	그들은 여성 노동자를 차별했다.	They _____ against women workers.
6	나는 집과 토지를 상속했다.	I _____ the house and land.
7	우리는 평화를 열망한다.	We _____ for peace.
8	성공은 그의 덕분입니다.	I _____ my success to him.
9	그 시합은 중단되었다.	The match was _____.
10	그녀는 자신의 권리를 포기했다.	She _____ her right.

고등학교과정 4

---

1 gratified 　　2 exerted 　　3 intrude 　　4 converted

5 discriminated 　　6 inherited 　　7 long 　　8 attribute

9 suspended 　　10 renounced

Unit 146

단어를 보자!

☐ ❶ **sophisticate** 세련되게 하다
[səfístəkèit]

☐ ❷ **dedicate** 바치다
[dédikèit]

☐ ❸ **aspire** 열망하다
[əspáiər]

☐ ❹ **revenge** 복수(하다)
[rivéndʒ]

☐ ❺ **constitute** 구성하다
[kánstət(j)ùːt]

☐ ❻ **lean** 기울다·여윈
[líːn]

☐ ❼ **cling** 달라붙다
[klíŋ]

☐ ❽ **recollect** 생각해내다
[rèkəlékt]

☐ ❾ **swallow** 삼키다
[swálou]

☐ ❿ **donate** 기부하다
[dóuneit]

자주 사용되는 표현을 익히자!

❶ She is a sophisticated lady.   그녀는 세련된 여성이다.

❻ He is leaning against the wall.   그는 벽에 기대어 있다.

❽ I still recollect that event.   그 일은 지금도 기억난다.

❾ I swallowed an ice cube.   얼음을 삼켰다.

❿ I donated blood.   헌혈을 했다.

파생어 · 관련어

❷ dedicátion 헌납   ❸ aspirátion 열망   ❺ constitútion 구성·헌법
❽ recolléction 추억   ❿ donátion 기부

308

NOTES : ⑩ 도너(기증자)

영어로 말해보자!

1   나는 그 노래를 그녀에게 바쳤다.   I ＿＿＿＿＿＿ the song to her.

2   그 일은 지금도 기억난다.   I still ＿＿＿＿＿＿ that event.

3   그는 벽에 기대어 있다.   He is ＿＿＿＿＿ against the wall.

4   그녀는 의사가 되기를 열망한다.   She ＿＿＿＿ to become a doctor.

5   그녀는 세련된 여성이다.   She is a ＿＿＿＿＿＿ lady.

6   나는 그들에게 복수했다.   I ＿＿＿＿＿ myself on them.

7   얼음을 삼켰다.   I ＿＿＿＿＿＿ an ice cube.

8   그녀는 그의 팔에 매달려 있다.   She ＿＿＿＿ to his arm.

9   헌혈을 했다.   I ＿＿＿＿＿ blood.

10 10명으로 과반수가 된다.   Ten members ＿＿＿＿ a majority.

고등학교과정 4

---

1 dedicated   2 recollect   3 leaning   4 aspires

5 sophisticated 6 revenged   7 swallowed   8 clings

9 donated   10 constitute

Unit 147

단어를 보자!

□ ❶ **infect** 감염시키다
[infékt]

□ ❷ **expel** 내쫓다
[ikspél]

□ ❸ **gaze** 응시하다
[géiz]

□ ❹ **flourish** 번영하다
[fláːriʃ]

□ ❺ **swear** 맹세하다
[swéər]

□ ❻ **dispute** 논쟁(하다)
[dispjúːt]

□ ❼ **soak** 잠기다
[sóuk]

□ ❽ **obstruct** 방해하다
[əbstrʌ́kt]

□ ❾ **exterminate** 멸종시키다
[ikstə́ːrmənèit]

□ ❿ **indulge** 빠지다·탐닉하다
[indʌ́ldʒ]

자주 사용되는 표현을 익히자!

❶ My computer was infected with the virus.
내 컴퓨터는 그 바이러스에 감염되었다.

❸ She gazed into a mirror.
그녀는 거울을 응시하고 있었다.

❻ He disputed my claim.
그는 내 주장에 반론했다.

❼ I soaked beans in water.
콩을 물에 담갔다.

❾ The species was exterminated.
그 종은 멸종되었다.

파생어 · 관련어

❶ inféction 감염 ❷ expúlsion 배제 ❽ obstrúction 방해
❾ extermination 멸종

NOTES :

영어로 말해보자!

1. 내 컴퓨터가 그 바이러스에 감염되었다.

My computer was _____ with the virus.

2. 그 사업은 번창하고 있다.

The business is _____.

3. 콩을 물에 담갔다.

I _____ beans in water.

4. 그는 내 주장에 반론했다.

He _____ my claim.

5. 맹세컨대, 나는 아무것도 하지 않았습니다.

I _____ I did nothing.

6. 그는 술만 마시고 있다.

He _____ himself in drinking.

7. 그녀는 거울을 응시하고 있었다.

She _____ into a mirror.

8. 그 종은 멸종되었다.

The species was _____.

9. 그것은 내 시야를 방해한다.

It _____ my view.

10. 그녀는 퇴학당했다.

She was _____ from school.

고등학교과정 4

1 infected	2 flourishing	3 soaked	4 disputed
5 swear	6 indulges	7 gazed	8 exterminated
9 obstructs	10 expelled		

Unit 148

단어를 보자 !

☐ ❶ **steer** 조종하다
[stíər]

☐ ❷ **withstand** 견디어내다
[wiθstǽnd]

☐ ❸ **lick** 핥다
[lík]

☐ ❹ **derive** 얻다
[diráiv]

☐ ❺ **fasten** 고정시키다
[fǽsn]

☐ ❻ **advocate** 주장하다 ·
[ǽdvəkèit] 옹호자

☐ ❼ **obsess** 달라붙다
[əbsés]

☐ ❽ **assault** 공격(하다)
[əsɔ́:lt]

☐ ❾ **extinguish** 끄다
[ikstíŋgwiʃ]

☐ ❿ **disguise** 변장(시키다)
[disgáiz]

자주 사용되는 표현을 익히자!

❷ I can't withstand the pain. 그 통증을 견딜 수 없다.

❸ My dog licked my face. 내 개가 얼굴을 핥았다.

❺ Fasten your seat belt. 안전벨트를 매시오.

❼ He is obsessed with online 그는 온라인 게임에 사로잡혀 있다.
games.

❿ She couldn't disguise her joy. 그녀는 기쁨을 감출 수 없었다.

파생어 · 관련어

❹ derivátion 유래 ❼ obséssion 집착

312

NOTES :

1 그녀는 기쁨을 감출 수 없었다. She couldn't ＿＿＿＿ her joy.

2 나는 그 불을 껐다. I ＿＿＿＿ the fire.

3 안전벨트를 매시오. ＿＿＿＿ your seat belt.

4 내 개가 얼굴을 핥았다. My dog ＿＿＿＿ my face.

5 그 남자는 통행인을 폭행했다. The man ＿＿＿＿ a passer-by.

6 그 통증을 견딜 수 없다. I can't ＿＿＿＿ the pain.

7 보트를 그 바위에서 멀어지도록 조종해라. ＿＿＿＿ the boat away from that rock.

8 나는 일에서 기쁨을 얻고 있다. I ＿＿＿＿ pleasure from working.

9 그는 온라인 게임에 사로잡혀 있다. He is ＿＿＿＿ with online games.

10 그들은 평등한 권리를 주장한다. They ＿＿＿＿ equal rights.

고등학교과정 4

---

1 disguise   2 extinguished   3 Fasten   4 licked
5 assaulted   6 withstand   7 Steer   8 derive
9 obsessed   10 advocate

Unit 149

단어를 보자!

☐ ❶ **register** 등록하다
　　[rédʒistər]

☐ ❷ **stem** 생기다·줄기
　　[stém]

☐ ❸ **ridicule** 비웃다
　　[rídikjùːl]

☐ ❹ **erect** 세우다·직립한
　　[irékt]

☐ ❺ **accelerate** 가속하다
　　[æksélərèit]

☐ ❻ **distort** 왜곡하다
　　[distɔ́ːrt]

☐ ❼ **extract** 뽑다
　　[ikstrǽkt]

☐ ❽ **reconcile** 화해시키다
　　[rékənsàil]

☐ ❾ **denounce** 비난하다
　　[dináuns]

☐ ❿ **sue** 고소하다
　　[súː]

자주 사용되는 표현을 익히자!

❶ I'm registered as a member. 　　나는 회원으로 등록되어 있다.

❷ It stemmed from 　　그것은 오해에서 생겼다.
　　misunderstandings.

❺ The speed was accelerated. 　　속도가 빨라졌다.

❻ It distorts the facts. 　　그것은 사실을 왜곡한다.

❿ I will sue him. 　　나는 그를 고소할 것이다.

파생어 · 관련어

❶ registrátion 등록　❹ eréction 건립　❻ distórtion 왜곡
❽ reconciliátion 화해　❾ denóuncement 비난

영어로 말해보자!

1 그녀는 공공연히 나를 비난했다.   She _____ me publicly.

2 속도가 빨라졌다.   The speed was _____.

3 나는 회원으로 등록되어 있다.   I'm _____ as a member.

4 그들은 동상을 세웠다.   They _____ a bronze statue.

5 그것은 사실을 왜곡한다.   It _____ the facts.

6 그는 언제나 나를 비웃는다.   He always _____ me.

7 나는 그를 고소할 것이다.   I will _____ him.

8 결국 그들은 화해했다.   They _____ after all.

9 나는 필요한 정보를 뽑았다.   I _____ necessary information.

10 그것은 오해에서 생겼다.   It _____ from misunderstandings.

고등학교과정 4

---

1 denounced   2 accelerated   3 registered   4 erected
5 distorts   6 ridicules   7 sue   8 reconciled
9 extracted   10 stemmed

315

Unit 150

단어를 보자!

- ☐ ❶ **leak** 새다
  [líːk]

- ☐ ❷ **commute** 통근하다
  [kəmjúːt]

- ☐ ❸ **vanish** 사라지다
  [vǽniʃ]

- ☐ ❹ **tap** 가볍게 두드리다
  [tǽp]

- ☐ ❺ **radiate** 방사하다
  [réidièit]

- ☐ ❻ **depict** 그리다·묘사하다
  [dipíkt]

- ☐ ❼ **integrate** 통합하다
  [íntəgrèit]

- ☐ ❽ **shrink** 수축하다
  [ʃríŋk]

- ☐ ❾ **swell** 팽창하다
  [swél]

- ☐ ❿ **reign** 통치(하다)
  [réin]

자주 사용되는 표현을 익히자!

❶ Water leaks from the tank. 탱크에서 물이 샌다.

❷ I commute by subway. 지하철로 통근합니다.

❹ He tapped me on the shoulder. 그가 내 어깨를 두드렸다.

❽ The sweater might shrink. 그 스웨터는 줄어들지도 모른다.

❾ It swells up like a balloon. 그것은 풍선처럼 팽창한다.

파생어 · 관련어

❶ léakage 새어나옴 ❺ radiátion 방사 ❼ integrátion 통합

영어로 말해보자!

1   지하철로 통근합니다.   I _____ by subway.

2   탱크에서 물이 샌다.   Water _____ from the tank.

3   그는 집적회로(IC)를 설계한다.   He designs _____ circuits.

4   그 스웨터는 줄어들지도 모른다   The sweater might _____.

5   그 영화는 그의 일생을 그리고 있다.   The film _____ his life.

6   그것은 풍선처럼 팽창한다.   It _____ up like a balloon.

7   그는 왕으로서 통치하고 있다.   He _____ as a king.

8   그 통증이 사라졌다.   The pain _____.

9   그것은 열과 빛을 방사한다.   It _____ heat and light.

10 그가 내 어깨를 두드렸다.   He _____ me on the shoulder.

고등학교과정 4

1 commute   2 leaks   3 integrated   4 shrink   5 depicts
6 swells   7 reigns   8 vanished   9 radiates   10 tapped

Unit 151

단어를 보자!

□ ❶ **administer** 관리하다
[ædmínistər]

□ ❷ **rebel** 반항하다·반역자
동 [ribél] 명 [rébl]

□ ❸ **manipulate** 조작하다
[mənípjulèit]

□ ❹ **stir** 휘젓다
[stə́:r]

□ ❺ **discard** 버리다
[diská:rd]

□ ❻ **assign** 할당하다
[əsáin]

□ ❼ **ban** 금지하다
[bǽn]

□ ❽ **fade** 사라지다
[féid]

□ ❾ **induce** 권유하다
[ind(j)ú:s]

□ ❿ **navigate** 항해하다
[nǽvəgèit]

자주 사용되는 표현을 익히자!

❷ She rebels against her parents. 그녀는 부모님에게 반항하고 있다.

❹ I stirred my coffee. 커피를 저었습니다.

❺ I discarded my old clothes. 오래된 옷을 버렸습니다.

❻ I was assigned a job. 일을 할당받았습니다.

❾ It induces sleep. 그것은 수면을 유발한다.

파생어 · 관련어

❶ administrátion 관리　❷ rebéllion 반항　❻ assígnment 할당
❼ bánish 추방하다　❾ indúction 유발　❿ navigátion 항해

영어로 말해보자!

1 그는 사람들의 마음을 조종했다.   He _____ people's minds.

2 일을 할당받았습니다.   I was _____ a job.

3 오래된 옷을 버렸습니다.   I _____ my old clothes.

4 불안이 사라졌다.   The anxiety _____ away.

5 그것은 수면을 유발한다.   It _____ sleep.

6 커피를 저었습니다.   I _____ my coffee.

7 그가 그 사이트를 관리한다.   He _____ the site.

8 법이 총기 소유를 금지하고 있다.   The law _____ gun ownership.

9 그녀는 부모님에게 반항하고 있다.   She _____ against her parents.

10 그들은 위성으로 항해한다.   They _____ by satellite.

고등학교과정 4

1 manipulated	2 assigned	3 discarded	4 faded
5 induces	6 stirred	7 administers	8 bans
9 rebels	10 navigate		

Unit 152

단어를 보자!

☐ ❶ **cattle** 소
[kǽtl]

☐ ❷ **masterpiece** 걸작
[mǽ:stəpi:s]

☐ ❸ **enterprise** 사업
[éntərpràiz]

☐ ❹ **microscope** 현미경
[máikrəskòup]

☐ ❺ **sin** (종교상의) 죄
[sín]

☐ ❻ **weed** 잡초(를 뽑다)
[wí:d]

☐ ❼ **context** 문맥·배경
[kántekst]

☐ ❽ **faculty** 교수진·능력
[fǽkəlti]

☐ ❾ **destiny** 운명
[déstəni]

☐ ❿ **substance** 내용·물질
[sʌ́bst(ə)ns]

자주 사용되는 표현을 익히자!

❸ We started a new enterprise. 우리는 새로운 사업을 시작했다.

❺ It is a sin to hate someone. 누군가를 미워하는 것은 죄다.

❼ Meaning depends on context. 의미는 문맥에 좌우된다.

❾ It is your destiny. 그것은 너의 운명이다.

❿ This story has no substance. 이 이야기에는 내용이 없다.

파생어 · 관련어

❸ entreprenéur 기업가 ❺ sínful 죄 많은 ❾ destinátion 목적지
❿ substántial 내용이 있는

영어로 말해보자!

1 의미는 문맥에 좌우된다. Meaning depends on _____.

2 나는 잡초를 뽑았다. I pulled out a _____.

3 그것은 전자현미경으로 볼 수 있다. You can see it under an electron _____.

4 그녀는 교수진 중 하나이다. She is a _____ member.

5 누군가를 미워하는 것은 죄다. It is a _____ to hate someone.

6 그들은 젖소를 키우고 있다. They keep dairy _____.

7 우리는 새로운 사업을 시작했다. We started a new _____.

8 이것은 희극의 걸작이다. This is a _____ of comedy.

9 그것이 너의 운명이다, It is your _____,

10 그 이야기에는 내용이 없다. This story has no _____.

고등학교과정 4

1 context	2 weed	3 microscope	4 faculty
5 sin	6 cattle	7 enterprise	8 masterpiece
9 destiny	10 substance		

Unit 153

명사 5-2

단어를 보자!

☐ ❶ **discipline** 법률·훈련하다
[dísəplin]

☐ ❷ **conference** 회의
[kánf(ə)rəns]

☐ ❸ **phase** 국면
[féiz]

☐ ❹ **coward** 겁쟁이
[káuərd]

☐ ❺ **defect** 결함
[díːfekt]

☐ ❻ **hospitality** 환대
[hàspətǽləti]

☐ ❼ **welfare** 복지
[wélfèər]

☐ ❽ **epidemic** 전염병
[èpədémik]

☐ ❾ **virtue** 미덕
[vɔ́ːrtʃuː]

☐ ❿ **mercy** 인정
[mɔ́ːrsi]

자주 사용되는 표현을 익히자!

❶ They need more discipline. 그들에게는 더 많은 규율이 필요하다.

❸ We entered a new phase. 우리는 새로운 국면에 접어들었다.

❺ I didn't notice the defect. 그 결함을 알아차리지 못했다.

❻ Thank you for your hospitality. 환대해 주셔서 감사합니다.

❿ She has no mercy. 그녀는 인정이 없다.

파생어 · 관련어

❷ confér 협의하다·주다   ❾ více 악덕·대리의

322

영어로 말해보자!

1 우리는 새로운 국면에 접어들었다.   We entered a new _____.

2 나는 그 결함을 알아차리지 못했다.   I didn't notice the _____.

3 나는 전염병이 걱정이다.   I'm worried about an _____.

4 그는 인덕이 있는 사람이다.   He is a man of _____.

5 그녀는 인정이 없다.   She has no _____.

6 그들에게는 더 많은 규율이 필요하다.   They need more _____.

7 환대해 주셔서 감사합니다.   Thank you for your _____.

8 그것은 복지 국가다.   It is a _____ state.

9 나는 국제회의에 출석했다.   I attended an international _____.

10 그는 겁쟁이일 뿐이다.   He is just a _____.

고등학교 과정 4

1 phase	2 defect	3 epidemic	4 virtue
5 mercy	6 discipline	7 hospitality	8 welfare
9 conference	10 coward		

Unit 154

단어를 보자 !

□ ❶ **statue** 상
[stǽtʃuː]

□ ❷ **disgust** 혐오(하다)
[disgʌ́st]

□ ❸ **nuisance** 폐단
[n(j)úːsns]

□ ❹ **scholar** 학자
[skálər]

□ ❺ **core** 핵심
[kɔ́ːr]

□ ❻ **trace** 자국(을 뒤밟아가다)
[tréis]

□ ❼ **flood** 홍수
[flʌ́d]

□ ❽ **drought** 가뭄
[dráut]

□ ❾ **consent** 동의(하다)
[kənsént]

□ ❿ **opponent** 대항자
[əpóunənt]

자주 사용되는 표현을 익히자!

❷ I left the place in disgust.
나는 넌더리가 나서 그 장소를 떠났다.

❸ It is a nuisance to the neighbors.
그것은 이웃에게 폐가 된다.

❺ This is the core of the problem.
이것이 그 문제의 핵심이다.

❼ The flood destroyed a village.
그 홍수가 마을을 파괴했다.

❾ Parents' consent is needed.
부모님의 동의가 필요하다.

파생어 · 관련어

❹ schólarship 장학금　❾ assént 동의(하다)　dissént 반대(하다)

324

영어로 말해보자!

1 부모님의 동의가 필요하다.

Parents' _____ is needed.

2 나는 넌더리가 나서 그 장소를
   떠났다.

I left the place in _____.

3 나의 상대는 강했다.

My _____ was strong.

4 가뭄이 계속되었다.

We had a long _____.

5 이것이 그 문제의 핵심이다.

This is the _____ of the problem.

6 자유의 여신상은 프랑스에서
   만들어졌다.

The _____of Liberty was made
in France.

7 그것은 이웃에게 폐가 된다.

It is a _____ to the neighbors.

8 그녀는 유명한 학자이다.

She is a famous _____.

9 그 홍수가 마을을 파괴했다.

The _____ destroyed a village.

10 그는 흔적을 남기지 않았다.

He left no _____.

고등학교 교과정 4

---

1 consent   2 disgust   3 opponent   4 drought   5 core
6 Statue   7 nuisance 8 scholar   9 flood   10 trace

Unit 155

단어를 보자 !

□ ❶ **monopoly** 독점
[mənápəli]

□ ❷ **vocation** 천직 · 직업
[voukéiʃən]

□ ❸ **sphere** 구체 · 범위
[sfíər]

□ ❹ **misfortune** 불운
[misfɔ́:tʃən]

□ ❺ **glory** 영광
[glɔ́:ri]

□ ❻ **candidate** 입후보자
[kǽndidèit]

□ ❼ **tomb** 무덤
[tú:m]

□ ❽ **scheme** 계획
[skí:m]

□ ❾ **orbit** 궤도
[ɔ́:rbit]

□ ❿ **trash** 쓰레기
[trǽʃ]

자주 사용되는 표현을 익히자!

❶ They nearly have a monopoly. 그들이 거의 독점하고 있다.

❺ The glory didn't last long. 그 영광은 오랫동안 지속되지 않았다.

❻ I voted for the candidate. 나는 그 후보자에게 투표했다.

❽ Our scheme worked well. 우리의 계획은 잘 실행되었다.

❿ Trash is collected on Mondays. 쓰레기는 월요일에 수거됩니다.

파생어 · 관련어

❶ monópolize 독점하다 ❷ vocátional 직업의 ❺ glórious 영광의

326

영어로 말해보자!

1 우리의 계획은 잘 실행되었다.   Our _____ worked well.

2 쓰레기는 월요일에 수거됩니다.   _____ is collected on Mondays.

3 가르치는 것이 나의 천직이다.   Teaching is my _____.

4 우주 정거장은 궤도상에 있다.   The space station is in _____.

5 그 영광은 오랫동안 지속되지   The _____ didn't last long.
   않았다.

6 지구는 거의 구체이다.   The earth is almost a _____.

7 그의 불운을 동정한다.   I sympathize with his _____.

8 나는 그녀의 무덤을 찾아갔다.   I visited her _____.

9 나는 그 후보자에게 투표했다.   I voted for the _____.

10 그들이 거의 독점하고 있다.   They nearly have a _____.

고등학교과정 4

---

1 scheme   2 Trash   3 vocation   4 orbit   5 glory
6 sphere   7 misfortune   8 tomb   9 candidate
10 monopoly

Unit 156

단어를 보자 !

□ ❶ **famine** 기근
[fǽmin]

□ ❷ **theme** 주제
[θíːm]

□ ❸ **proverb** 속담
[právəːrb]

□ ❹ **mischief** 장난
[místʃif]

□ ❺ **heritage** 유산
[héritidʒ]

□ ❻ **republic** 공화국
[ripʌ́blik]

□ ❼ **coincidence** 일치
[kouínsid(ə)ns]

□ ❽ **chore** 잡일
[tʃɔ́ːr]

□ ❾ **needle** 바늘
[níːdl]

□ ❿ **thermometer** 온도계
[θərmámətər]

자주 사용되는 표현을 익히자!

❸ This is an old proverb. 이것은 오래된 속담입니다.

❹ She enjoys mischief. 그녀는 장난을 즐긴다.

❺ This is a World Heritage site. 이곳은 세계문화유산지입니다.

❼ What a coincidence! 무슨 우연인지!

❽ I do household chores. 나는 가사를 돌보고 있습니다.

파생어 · 관련어

❹ míschievous 장난꾸러기의 ❺ herédity 유전 ❻ kíngdom 왕국
❾ thréad 실 ❿ thérmal 열의

영어로 말해보자!

1 무슨 우연인지!

What a _____ !

2 그 영화의 주제는 무엇입니까?

What is the _____ of the film?

3 가뭄은 자주 기근의 원인이 된다.

Drought often causes _____ .

4 나는 가사를 돌보고 있습니다.

I do household _____ .

5 공화국에는 왕이 없다.

A _____ has no king.

6 이곳은 세계문화유산지입니다.

This is a World _____ site.

7 벽에 온도계가 걸려 있다.

There is a _____ on the wall.

8 이것은 오래된 속담입니다.

This is an old _____ .

9 바늘과 실을 빌려주시겠습니까?

Can I borrow a _____ and thread?

10 그녀는 장난을 즐긴다.

She enjoys _____ .

---

1 coincidence 2 theme 3 famine 4 chores
5 republic 6 Heritage 7 thermometer 8 proverb
9 needle 10 mischief

고등학교과정 4

Unit 157

단어를 보자 !

☐ **❶ summary** [sʌ́məri] 요약

☐ **❷ conscience** [kάnʃəns] 양심

☐ **❸ pledge** [pléʤ] 서약(하다)

☐ **❹ frontier** [frʌntíər] 최전선 · 경계

☐ **❺ symptom** [símptəm] 징후

☐ **❻ consensus** [kənsénsəs] 합의

☐ **❼ tide** [táid] 조수

☐ **❽ myth** [míθ] 신화

☐ **❾ refugee** [rèfjudʒíː] 난민

☐ **❿ parcel** [pάːrs(ə)l] 소포

자주 사용되는 표현을 익히자!

❷ Ask your conscience.　당신의 양심에 물어보세요.

❸ He broke his pledge.　그는 맹세를 어겼다.

❺ Some symptoms **are appearing.**　몇 가지 징후가 나타나고 있다.

❻ We reached a consensus.　우리는 합의에 이르렀다.

❿ I received a parcel.　소포를 받았습니다.

파생어 · 관련어

❶ súmmarize 요약하다　**❷** consciéntious 양심적인　**❼** tídal 조수의
❽ mýthical 신화의

> 영어로 말해보자!

1 우리는 합의에 이르렀다.   We reached a _____.

2 그들은 과학의 최전선에 있다.   They're at the _____ of science.

3 몇 가지 징후가 나타나고 있다   Some _____ are appearing.

4 그 장을 요약했다.   I made a _____ of the chapter.

5 적조가 있었다.   There was a red _____.

6 그들은 정치난민이다.   They are political _____.

7 그는 맹세를 어겼다.   He broke his _____.

8 그리스 신화를 읽고 있다.   I'm reading a Greek _____.

9 소포를 받았습니다.   I received a _____.

10 당신의 양심에 물어보세요.   Ask your _____.

고등학교과정 4

---

1 consensus	2 frontier	3 symptoms	4 summary
5 tide	6 refugees	7 pledge	8 myth
9 parcel	10 conscience		

Unit 158

단어를 보자!

□ ❶ **privilege** 특권
[prív(ə)lidʒ]

□ ❷ **dawn** 새벽
[dɔ́:n]

□ ❸ **surgeon** 외과 의사
[sə́:rdʒən]

□ ❹ **convention** 회의·습관
[kənvénʃən]

□ ❺ **expedition** 원정
[èkspədíʃən]

□ ❻ **funeral** 장례식
[fjú:n(ə)rəl]

□ ❼ **parallel** 평행
[pǽrəlèl]

□ ❽ **endeavor** 노력
[indévər]

□ ❾ **flame** 불꽃
[fléim]

□ ❿ **colony** 식민지
[káləni]

자주 사용되는 표현을 익히자!

❶ They abused the privileges. 그들은 특권을 남용했다.

❷ I start working before dawn. 나는 동이 트기 전부터 일하기 시작한다.

❸ He is a brain surgeon. 그는 뇌 외과 의사이다.

❽ Endeavor brings success. 노력은 성공을 가져온다.

❾ It burns with a blue flame. 그것은 파란 불꽃을 내면서 탔다.

파생어 · 관련어

❷ dúsk 황혼 ❸ physícian 내과 의사 ❹ convéntional 습관적인
❿ colónial 식민지의

영어로 말해보자!

1   노력은 성공을 가져온다.   _____ brings success.

2   그들은 특권을 남용했다.   They abused the _____.

3   그곳은 영국의 식민지였다.   It was a British _____.

4   그것은 파란 불꽃을 내면서 탔다.   It burns with a blue _____.

5   우리는 회의장에 들어갔다.   We entered the _____ hall.

6   나는 동이 트기 전부터 일하기   I start working before _____.
    시작한다.

7   많은 사람들이 그의 장례식에   Many people attended his
    참석했다.   _____.

8   그것들은 평행으로 놓여 있다.   They are placed in _____.

9   우리는 2주 동안 원정을 나왔다.   We made a two-week _____.

10 그는 뇌 외과 의사이다.   He is a brain _____.

고등학교과정 4

---

1 Endeavor   2 privileges   3 colony   4 flame
5 convention   6 dawn   7 funeral   8 parallel
9 expedition   10 surgeon

Unit 159

명사 5-8

단어를 보자 !

☐ ❶ **Congress** (미국) 의회
[káŋgres]

☐ ❷ **bribery** 뇌물 수수
[bráibəri]

☐ ❸ **crew** 승무원
[krú:]

☐ ❹ **ambassador** 대사
[æmbǽsədər]

☐ ❺ **nightmare** 악몽
[náitmὲər]

☐ ❻ **district** 구역
[dístrikt]

☐ ❼ **posterity** 자손
[pɑstérəti]

☐ ❽ **monarch** 군주
[mánərk]

☐ ❾ **therapy** 치료
[θérəpi]

☐ ❿ **dread** 공포·
[dréd] 두려워하다

자주 사용되는 표현을 익히자!

❷ He was arrested for offering a bribery. 그는 뇌물을 제공해 구속되었다.

❺ I had a nightmare last night. 어젯밤에 악몽을 꿨다.

❻ It is in our school district. 그것은 우리 통학 구역에 있다.

❼ Let posterity judge it. 그것은 후세의 판단에 맡겨라.

❾ She is under therapy. 그녀는 치료를 받고 있다.

파생어 · 관련어

❶ Párliament (영국) 의회 ❷ bríbe 매수하다·뇌물
❹ émbassy 대사관 ❽ mónarchy 군주제 ❿ dréadful 무서운

334

영어로 말해보자!

1 그는 비행기를 무서워한다.   He has a _____ of planes.

2 어젯밤에 악몽을 꿨다.   I had a _____ last night.

3 그들은 승무원 전원을 구조했다.   They rescued the entire _____.

4 의회는 예산을 승인했다.   _____ approved the budget.

5 그녀는 치료를 받고 있다.   She is under _____.

6 그는 절대 군주였다.   He was an absolute _____.

7 그는 뇌물을 제공해 구속되었다.   He was arrested for offering
                              a _____.

8 그것은 후세의 판단에 맡겨라.   Let _____ judge it.

9 그녀는 UN 대사가 되었다   She became a UN _____.

10 그것은 우리 통학 구역에 있다.   It is in our school _____.

---

1 dread	2 nightmare	3 crew	4 Congress
5 therapy	6 monarch	7 bribe	8 posterity
9 ambassador	10 district		

Unit 160

단어를 보자!

☐ ❶ **radius** 　　반경
　　[réidiəs]

☐ ❷ **facility** 　　시설
　　[fəsíləti]

☐ ❸ **multitude** 　　다수
　　[mʌ́ltət(j)ùːd]

☐ ❹ **revenue** 　　세입
　　[révən(j)úː]

☐ ❺ **prestige** 　　명성
　　[prestíːʒ]

☐ ❻ **rage** 　　격노
　　[réidʒ]

☐ ❼ **jail** 　　구치소
　　[dʒéil]

☐ ❽ **pedestrian** 　　보행자
　　[pədéstriən]

☐ ❾ **orphan** 　　고아
　　[ɔ́ːrfən]

☐ ❿ **sovereignty** 　　주권
　　[sáv(ə)rənti]

자주 사용되는 표현을 익히자!

❹ The tax revenue decreased. 　세수가 줄었다.

❺ They lost prestige and trust. 　그들은 명성과 신용을 잃었다.

❻ He couldn't control his rage. 　그는 분노를 억누를 수 없었다.

❼ She was kept in jail overnight. 　그녀는 하룻밤 동안 구치소에 수감되었다.

❽ I crossed a pedestrian bridge. 　나는 횡단육교를 건넜다.

파생어 · 관련어

❶ diámeter 직경　❹ expénditure 세출　❺ prestígious 명성이 있는
❿ sóvereign 통치자

NOTES : ❶ 원의 반경 (r)

영어로 말해보자!

1	반경은 얼마나 됩니까?	How long is the _____?
2	나는 횡단육교를 건넜다.	I crossed a _____ bridge.
3	우리는 스스로의 주권을 지켜야만 한다.	We must defend our _____.
4	그들은 명성과 신용을 잃었다.	They lost _____ and trust.
5	그 시설은 질이 높다.	The _____ are high in quality.
6	그는 분노를 억누를 수 없었다.	He couldn't control his _____.
7	그녀는 전쟁고아이다.	She is a war _____.
8	세수가 줄었다.	The tax _____ decreased.
9	많은 선택이 있다.	There are a _____ of options.
10	그녀는 하룻밤 동안 구치소에 수감되었다.	She was kept in _____ overnight.

고등학교과정 4

1 radius	2 pedestrian	3 sovereignty	4 prestige
5 facilities	6 rage	7 orphan	8 revenue
9 multitude	10 jail		

Unit 161

단어를 보자 !

□ ❶ **remedy** 치료
[rémədi]

□ ❷ **bullying** 약자 괴롭히기
[búliiŋ]

□ ❸ **sculpture** 조각
[skʌ́lptʃər]

□ ❹ **germ** 균
[dʒə́:rm]

□ ❺ **flock** 무리
[flák]

□ ❻ **barometer** 척도·기압계
[bərámətər]

□ ❼ **contempt** 경멸
[kəntémpt]

□ ❽ **province** 지방
[právins]

□ ❾ **aristocracy** 귀족 정치
[æ̀rəstákrəsi]

□ ❿ **mess** 혼란
[més]

자주 사용되는 표현을 익히자!

❶ There is no remedy for the
common cold.
감기에 치료법은 없다.

❷ Stop your bullying.
약자를 괴롭히는 것은 그만둬라.

❹ I must wash the germs off.
균을 씻어내야만 한다.

❺ I saw a flock of birds.
새의 무리를 봤다.

❿ What a mess!
얼마나 어질러져 있는지!

파생어 · 관련어

❷ búlly 약자를 따돌리다 ❼ contémptuous 경멸의 ❾ aristocrátic 귀족적인
❿ méssy 혼란된

영어로 말해보자!

1 그는 얼음 조각을 만들었다.　　He made a ＿＿＿＿＿ from ice.

2 얼마나 어질러져 있는지!　　What a ＿＿＿＿!

3 그녀는 그에게 경멸을 표했다.　　She showed ＿＿＿＿＿ for him.

4 새의 무리를 봤다.　　I saw a ＿＿＿＿ of birds.

5 균을 씻어내야만 한다.　　I must wash the ＿＿＿＿ off.

6 귀족 정치는 여전히 존재한다.　　An ＿＿＿＿＿＿ still exists.

7 약자를 괴롭히는 것은 그만둬라.　　Stop your ＿＿＿＿＿.

8 그것은 인기를 나타내는 좋은 척도이다.　　It is a good ＿＿＿＿ of popularity.

9 나는 그 지방을 여행했다.　　I traveled around the ＿＿＿＿

10 감기에 치료법은 없다.　　There is no ＿＿＿＿ for the common cold.

고등학교 교과정 4

---

1 sculpture　　2 mess　　3 contempt　　4 flock
5 germs　　6 aristocracy　　7 bullying　　8 barometer
9 province　　10 remedy

Unit 162

단어를 보자!

- **❶ quest** [kwést] 탐구
- **❷ advent** [ǽdvent] 도래
- **❸ mammal** [mǽməl] 포유류
- **❹ peril** [pérəl] 위험
- **❺ arithmetic** [əríθmətik] 산수
- **❻ tyranny** [tírəni] 폭정
- **❼ linguistics** [liŋgwístiks] 언어학
- **❽ petition** [pətíʃən] 탄원(하다)
- **❾ grocery** [gróus(ə)ri] 식료품
- **❿ acid** [ǽsid] 산

자주 사용되는 표현을 익히자!

❷ It marks the advent of a new season.   그것은 새로운 계절의 도래를 알린다.

❸ A bat is also a mammal.   박쥐도 포유류이다.

❺ She is good at arithmetic.   그녀는 셈을 잘한다.

❾ I bought some groceries.   나는 몇 가지 식료품을 샀다.

❿ They were damaged by acid rain.   그것들은 산성비에 의해 피해를 입었다.

파생어 · 관련어

❸ amphíbian 양서 동물   réptile 파충류의 동물

영어로 말해보자!

1 박쥐도 포유류이다.　　　　　A bat is also a _____.

2 나는 몇 가지 식료품을 샀다.　　I bought some _____.

3 그녀는 응용언어학을 연구했다.　She studied applied _____.

4 우리의 탄원은 거부되었다.　　　Our _____ was rejected.

5 그는 진리를 탐구하고 있다.　　He is in _____ of the truth.

6 그녀는 셈을 잘한다.　　　　　She is good at _____.

7 그들은 폭정의 희생자이다.　　They are victims of _____.

8 그것은 새로운 계절의 도래를　　It marks the _____ of a new
　알린다.　　　　　　　　　　season.

9 그것들은 산성비에 의해 피해를　They were damaged by
　입었다.　　　　　　　　　　_____ rain.

10 그는 목숨을 잃을 수도 있었다.　He was in _____ of
　　　　　　　　　　　　　　　losing his life.

고등학교과정 4

---

1 mammal　　2 groceries　　3 linguistics　　4 petition

5 quest　　6 arithmetic　　7 tyranny　　8 advent

9 acid　　10 peril

Unit 163

단어를 보자!

□ ❶ **poll** 여론 조사·투표
[póul]

□ ❷ **torture** 고문
[tɔ́:rtʃər]

□ ❸ **freight** 화물
[fréit]

□ ❹ **worm** 벌레
[wɔ́:rm]

□ ❺ **adolescence** 사춘기
[ædəlésns]

□ ❻ **tribe** 부족
[tráib]

□ ❼ **chaos** 혼돈
[kéias]

□ ❽ **hypothesis** 가설
[haipáθəsis]

□ ❾ **load** 짐
[lóud]

□ ❿ **diplomacy** 외교
[diplóuməsi]

자주 사용되는 표현을 익히자!

❶ They took a poll of the residents. — 그들은 주민 여론조사를 했다.

❺ She is in her adolescence now. — 그녀는 지금 사춘기이다.

❼ The country is in total chaos. — 그 나라는 대혼란 상태이다.

❽ The hypothesis was wrong. — 그 가설은 틀렸다.

❾ I lightened my load. — 나는 짐을 가볍게 했다.

파생어 · 관련어

❺ adoléscent 청춘(의)　❼ chaótic 대혼란의
❽ hypothétical 가설의　❿ diplomátic 외교상의

영어로 말해보자!

1 그 나라는 대혼란 상태이다.　　The country is in total _____.

2 그녀는 지금 사춘기이다.　　She is in her _____ now.

3 나는 짐을 가볍게 했다.　　I lightened my _____.

4 그들은 호전적인 부족이다.　　They are a warlike _____.

5 화물 열차가 달리고 있었다.　　A _____ train was running.

6 그 가설은 틀렸다.　　The _____ was wrong.

7 고문은 허락되지 않는다.　　_____ is not allowed.

8 잎 밑의 벌레를 발견했다.　　I found a _____ under a leaf.

9 그들은 비밀 외교를 했다.　　They used secret _____.

10 그들은 주민 여론조사를 했다.　　They took a _____ of the residents.

고등학교과정 4

---

1 chaos　　2 adolescence　　3 load　　4 tribe

5 freight　　6 hypothesis　　7 Torture　　8 worm

9 diplomacy　　10 poll

Unit 164

단어를 보자 !

□ ❶ **alternative**　대신의
[ɔ:ltə́:rnətiv]

□ ❷ **timid**　겁 많은
[tímid]

□ ❸ **steep**　가파른
[stí:p]

□ ❹ **trivial**　사소한
[tríviəl]

□ ❺ **inevitable**　피할 수 없는
[inévətəbl]

□ ❻ **prominent**　저명한
[prámənənt]

□ ❼ **utter**　완전한·말하다
[ʌ́tər]

□ ❽ **insane**　정신 이상의
[inséin]

□ ❾ **relevant**　관련된
[rélivənt]

□ ❿ **apt**　~ 하기 쉬운·적절한
[ǽpt]

자주 사용되는 표현을 익히자!

❶ There is no alternative way.　　달리 취할 방법은 없다.

❸ I went up a steep slope.　　나는 가파른 비탈을 올랐다.

❺ Opposition is inevitable.　　반대는 피할 수 없다.

❼ It is utter nonsense.　　완전히 터무니없다.

❽ Are you insane?　　너 제정신이니?

파생어 · 관련어

❶ álternate 교대하다　❺ unavóidable 피할 수 없는　❻ éminent 저명한
❽ sáne 제정신의　❿ áptitude 적성

NOTES : ❶ AC(alternating current : 교류)   ❹ 트리비아(trivia : 잡동사니 정보)

영어로 말해보자!

1 반대는 피할 수 없다.   Opposition is _____.

2 너 제정신이니?   Are you _____?

3 그것은 정말 사소한 일이다.   It is just a _____ thing.

4 나는 가파른 비탈을 올랐다.   I went up a _____ slope.

5 달리 취할 방법은 없다.   There is no _____ way.

6 그녀는 소극적인 경향이 있다.   She is _____ to be passive.

7 완전히 터무니없다.   It is _____ nonsense.

8 그는 저명한 인물이다.   He is a _____ figure.

9 그렇게 겁내지 마라.   Don't be so _____.

10 그것은 이 문제와는 관계가 없다. It is not _____ to this case.

고등학교과정 4

1 inevitable	2 insane	3 trivial	4 steep	5 alternative
6 apt	7 utter	8 prominent	9 timid	10 relevant

Unit 165

단어를 보자!

□ ❶ **indifferent** 무관심한
[indíf(ə)rənt]

□ ❷ **gloomy** 어두운
[glú:mi]

□ ❸ **principal** 주요한·교장
[prínsəpəl]

□ ❹ **verbal** 말의
[və́:rbəl]

□ ❺ **holy** 신성한
[hóuli]

□ ❻ **tidy** 단정한
[táidi]

□ ❼ **savage** 야만스런
[sǽvidʒ]

□ ❽ **valid** 유효한
[vǽlid]

□ ❾ **firm** 굳은·기업
[fə́:rm]

□ ❿ **affluent** 부유한
[ǽfluənt]

자주 사용되는 표현을 익히자!

❶ He is indifferent to his appearance. 그는 외모에 무관심하다.

❺ This is a holy place. 이곳은 성지이다.

❻ Make sure your clothes are tidy. 단정한 복장을 하도록 해라.

❽ The ticket is still valid. 그 티켓은 여전히 유효하다.

❾ I have a firm belief. 나는 굳은 신념이 있다.

파생어 · 관련어

❶ indífference 무관심 ❹ nonvérbal 말로 할 수 없는 ❽ vóid 무효의
❿ áffluence 부

영어로 말해보자!

1 그들은 풍요로운 사회에 살고 있다.   They live in an _____ society.

2 그것은 폭언이다.   It is _____ abuse.

3 단정한 복장을 하도록 해라.   Make sure your clothes
are _____.

4 나는 굳은 신념이 있다.   I have a _____ belief.

5 그는 외모에 무관심하다.   He is _____ to his
appearance.

6 이것이 주요한 이유이다.   This is the _____ reason.

7 분위기가 어둡다.   The atmosphere is _____.

8 이곳은 성지이다.   This is a _____ place.

9 그 티켓은 여전히 유효하다.   The ticket is still _____.

10 그것은 사나운 짐승이다.   It is a _____ beast.

고등학교과정 4

---

1 affluent 2 verbal 3 tidy 4 firm 5 indifferent
6 principal 7 gloomy 8 holy 9 valid 10 savage

Unit 166

단어를 보자 !

- ☐ ❶ **sole** 유일한
  [sóul]

- ☐ ❷ **infinite** 무한한
  [ínfənət]

- ☐ ❸ **superficial** 표면상의
  [sùːpərfíʃəl]

- ☐ ❹ **idle** 아무것도 안하는
  [áidl]

- ☐ ❺ **potential** 잠재적인
  [pəténʃəl]

- ☐ ❻ **former** 앞의·전자의
  [fɔ́ːrmər]

- ☐ ❼ **delicate** 섬세한
  [délikət]

- ☐ ❽ **profound** 마음으로부터의
  [prəfáund]

- ☐ ❾ **reverse** 반대의·뒤집다
  [rivə́ːrs]

- ☐ ❿ **subtle** 미묘한
  [sʌ́tl]

자주 사용되는 표현을 익히자!

❶ It is her sole purpose.   그것은 그녀의 유일한 목적이다.

❷ You have infinite possibilities.   당신은 무한한 가능성이 있습니다.

❹ I spent an idle day.   나는 빈둥빈둥 하루를 보냈다.

❼ It needs delicate handling.   조심스럽게 취급하십시오.

❿ Can you see a subtle difference?   미묘한 차이가 보이십니까?

파생어 · 관련어

❺ potentiálity 잠재력   ❻ látter 후자의   ❼ délicacy 섬세함
❿ súbtlety 미묘한 것

영어로 말해보자!

1 당신은 무한한 가능성이 있습니다.   You have ＿＿＿＿ possibilities.

2 이것은 역효과가 된다.   It has the ＿＿＿＿ effect.

3 나는 빈둥빈둥 하루를 보냈다.   I spent an ＿＿＿＿ day.

4 당신의 의견은 표면적이다.   Your comment is ＿＿＿＿.

5 그것은 그녀의 유일한 목적이다.   It is her ＿＿＿＿ purpose.

6 그가 전 지사입니다.   He is the ＿＿＿＿ Governor.

7 조심스럽게 취급하십시오.   It needs ＿＿＿＿ handling.

8 나는 깊은 슬픔을 느꼈다.   I felt ＿＿＿＿ sadness.

9 그녀의 잠재력은 무한하다.   Her ＿＿＿＿ power is unlimited.

10 미묘한 차이가 보이십니까?   Can you see a ＿＿＿＿ difference?

고등학교과정 4

---

1 infinite   2 reverse   3 idle   4 superficial   5 sole
6 former   7 delicate   8 profound   9 potential   10 subtle

Unit 167

단어를 보자!

- ❶ **fragile** 깨지기 쉬운
  [frǽdʒəl]

- ❷ **arrogant** 건방진
  [ǽrəgənt]

- ❸ **indispensable** 절대로 빼놓을 수 없는
  [ìndispénsəbl]

- ❹ **simultaneous** 동시의
  [sàiməltéiniəs]

- ❺ **brilliant** 반짝반짝 빛나는
  [bríljənt]

- ❻ **bankrupt** 파산한
  [bǽŋkrʌpt]

- ❼ **restless** 침착하지 못한
  [réstlis]

- ❽ **sanitary** 위생의
  [sǽnətèri]

- ❾ **mortal** 죽어야 할
  [mɔ́ːrtl]

- ❿ **pregnant** 임신한
  [prégnənt]

자주 사용되는 표현을 익히자!

❶ This is a fragile item. 이것은 깨지기 쉬운 품목이다.

❺ She has a brilliant career. 그녀는 화려한 경력을 가지고 있다.

❻ The company went bankrupt. 그 회사는 파산했다.

❼ He looks restless. 그는 침착하지 못한 상태이다.

❿ My wife is pregnant. 아내는 임신중이다.

파생어 · 관련어

❷ árrogance 거만 ❸ dispénse 면제하다 · 분배하다
❻ bánkruptcy 파산 ❾ mortálity 사망자수 ❿ prégnancy 임신

영어로 말해보자!

1 그 회사는 파산했다.　　　　　　The company went _____.

2 그것은 우리생활에 절대로　　　　It is _____ to our life.
　　빼놓을 수 없다.

3 위생 상태는 개선되었다.　　　　The _____ conditions were
　　　　　　　　　　　　　　　　improved.

4 이것은 깨지기 쉬운 품목이다.　　This is a _____ item.

5 그는 침착하지 못한 상태이다.　　He looks _____.

6 그녀는 동시통역사이다.　　　　　She is a _____ interpreter.

7 아내는 임신중이다.　　　　　　　My wife is _____.

8 그는 건방진 태도를 하고 있다.　　He has an _____ attitude.

9 그녀는 화려한 경력을 가지고 있다.　She has a _____ career.

10 그는 치명상을 입었다.　　　　　He received a _____ wound.

고등학교과정 4

---

1 bankrupt　　2 indispensable　　3 sanitary　　4 fragile
5 restless　　6 simultaneous　　7 pregnant　　8 arrogant
9 brilliant　　10 mortal

Unit 168

단어를 보자 !

□ ❶ **humble** 초라한
[hʌ́mbl]

□ ❷ **feudal** 봉건적인
[fjúːdl]

□ ❸ **fierce** 격렬한
[fíərs]

□ ❹ **mature** 성숙한
[mət(j)úər]

□ ❺ **damp** 습기 찬
[dǽmp]

□ ❻ **alien** 외국의
[éiljən]

□ ❼ **immense** 거대한
[iméns]

□ ❽ **divine** 신의
[diváin]

□ ❾ **naive** 순진한
[nɑːíːv]

□ ❿ **compulsory** 강제적인
[kəmpʌ́lsəri]

자주 사용되는 표현을 익히자!

❶ I live a humble life. 나는 초라한 생활을 하고 있다.

❹ He is not mature yet. 그는 아직 성숙하지 않다.

❻ Many alien species were brought in. 많은 외래종이 들어왔다.

❽ It is a divine act. 그것은 신에 의한 행동이다.

❾ You are too naive. 당신은 너무 순진합니다.

파생어 · 관련어

❷ féudalism 봉건주의 ❹ matúrity 성숙 ❻ álienate 멀리하다
❿ compél 강요하다

352

영어로 말해보자!

1 그것은 신에 의한 행동이다.   It is a _____ act.

2 당신은 너무 순진합니다.   You are too _____.

3 봉건제도는 폐지되었다.   The _____ system was abolished.

4 많은 외래종이 들어왔다.   Many _____ species were brought in.

5 지하실이 습기가 찼다.   The basement is _____.

6 그들은 격렬한 싸움을 했다   They had a _____ fight.

7 나는 초라한 생활을 하고 있다.   I live a _____ life.

8 그는 아직 성숙하지 않다.   He is not _____ yet.

9 의무교육이 제공되었다.   _____ education is provided.

10 그 규모는 거대하다.   The size is _____.

고등학교과정 4

1 divine   2 naive   3 feudal   4 alien   5 damp
6 fierce   7 humble   8 mature   9 Compulsory
10 immense

Unit 169

단어를 보자 !

□ **❶ hollow** 속이 빈
[hálou]

□ **❷ initial** 처음의
[iníʃ(ə)l]

□ **❸ dizzy** 현기증이 나는
[dízi]

□ **❹ eternal** 영원의
[itə́ːrnl]

□ **❺ utmost** 최대의
[ʌ́tmòust]

□ **❻ static** 정적인
[stǽtik]

□ **❼ furious** 격노한
[fjú(ə)riəs]

□ **❽ awful** 무서운 · 지독한
[ɔ́ːfəl]

□ **❾ eccentric** 괴상한
[ikséntrik]

□ **❿ deaf** 귀먹은
[déf]

자주 사용되는 표현을 익히자!

❶ The words sound hollow. 그 말은 공허하게 들린다.

❸ I feel dizzy. 현기증이 난다.

❺ We made our utmost **efforts.** 우리는 최대한의 노력을 했다.

❻ I hate static **electricity.** 정전기를 대단히 싫어한다.

❽ The taste was awful. 그 맛은 끔찍했다.

파생어 · 관련어

❸ dízziness 현기증 **❹** etérnity 영원 **❻** dynámic 동적인
❼ fúry 격노 **❽** áwe 두려움 **❾** eccentrícity 이상함
❿ dúmb 벙어리의·어리석은

영어로 말해보자!

1 그것은 영원한 불가사의이다.   It is an _____ mystery.

2 그 맛은 끔찍했다   The taste was _____.

3 정전기를 대단히 싫어한다.   I hate _____ electricity.

4 그녀는 소문에는 귀를 기울이려   She turns a _____ ear to gossip.
   하지 않는다.

5 현기증이 난다.   I feel _____.

6 처음 모임은 성공적이었다.   The _____ meeting was
   successful.

7 나는 그의 행동에 격노했다.   I was _____ with his behavior.

8 그 말은 공허하게 들렸다.   The words sound _____.

9 그녀는 괴짜다.   She is an _____ woman.

10 우리는 최대한의 노력을 했다.   We made our _____ efforts.

고등학교과정 4

| 1 eternal | 2 awful | 3 static | 4 deaf | 5 dizzy |
| 6 initial | 7 furious | 8 hollow | 9 eccentric | 10 utmost |

Unit 170

단어를 보자!

□ ❶ **crucial** 아주 중대한
[krúːʃəl]

□ ❷ **optimistic** 낙관적인
[àptəmístik]

□ ❸ **pessimistic** 비관적인
[pèsəmístik]

□ ❹ **ultraviolet** 자외선의
[ʌ̀ltrəváiəlit]

□ ❺ **sacred** 신성한
[séikrid]

□ ❻ **pathetic** 불쌍한
[pəθétik]

□ ❼ **crude** 천연 그대로의
[krúːd]

□ ❽ **unprecedented** 전례가 없는
[ʌnprésidəntid]

□ ❾ **aesthetic** 미의
[esθétik]

□ ❿ **intricate** 난해한
[íntrikət]

자주 사용되는 표현을 익히자!

❶ Your support is crucial. 당신의 지지가 매우 중요합니다.

❷ You are too optimistic. 당신은 너무 낙관적입니다.

❸ Don't be so pessimistic. 그렇게 비관적이지 마라.

❹ Avoid ultraviolet rays. 자외선을 피해라.

❻ You're pathetic. 불쌍한 녀석.

파생어 · 관련어

❷ óptimism 낙관주의   ❸ péssimism 비관주의   ❹ infraréd 적외선의
❽ precéde 선행하다

356

NOTES :

영어로 말해보자!

1 당신은 너무 낙관적입니다.

You are too _____.

2 그것은 난해한 퍼즐이다.

It is an _____ puzzle.

3 그것은 나의 미적 감각에 와닿았다.

It appealed to my _____ sense.

4 그렇게 비관적이지 마라.

Don't be so _____.

5 자외선을 피해라.

Avoid _____ rays.

6 우리는 원유를 수입하고 있다.

We import _____ oil.

7 그것은 전례가 없는 일이다.

It is an _____ event.

8 당신의 지지가 매우 중요합니다.

Your support is _____.

9 불쌍한 녀석.

You're _____.

10 예루살렘은 세 종교에 성스럽다.

Jerusalem is _____ to three religions.

고등학교과정 4

---

1 optimistic 2 intricate 3 aesthetic 4 pessimistic
5 ultraviolet 6 crude 7 unprecedented 8 crucial
9 pathetic 10 sacred

Unit 171

단어를 보자 !

☐ ❶ **deficient** 부족한·결핍된
[difíʃənt]

☐ ❷ **dense** 농후한
[déns]

☐ ❸ **solemn** 엄숙한
[sáləm]

☐ ❹ **extravagant** 낭비하는

☐ ❺ **dim** 어두침침한
[dím]

☐ ❻ **transparent** 투명한
[trænspé(ə)rənt]

☐ ❼ **fertile** 비옥한
[fɔ́:rtl]

☐ ❽ **obscure** 애매한
[əbskjúər]

☐ ❾ **subordinate** 부수적인
[səbɔ́:rd(ə)nət]

☐ ❿ **due** 마땅히 지급되어야 할
[d(j)ú:]

자주 사용되는 표현을 익히자!

❶ I am deficient in vitamin A.　비타민 A 결핍입니다.

❷ I drove in dense fog.　자욱한 안개 속을 운전했다.

❺ The light was dim.　조명은 어두침침했다.

❻ Put your garbage in a transparent bag.　쓰레기는 투명한 봉투에 넣어라.

❿ When is the due date?　마감일은 언제입니까?

파생어 · 관련어

❶ deficiency 부족　❷ density 밀도　❻ transparency 투명성
❼ barren 불모의　❽ obscurity 애매

358

영어로 말해보자!

1 자욱한 안개 속을 운전했다.   I drove in _____ fog.

2 그것은 엄숙한 의식이었다.   It was a _____ ceremony.

3 비타민 A 결핍입니다.   I am _____ in vitamin A.

4 그는 돈을 흥청망청 쓰는 생활을   He lives an _____ life.
   하고 있다.

5 마감일은 언제입니까?   When is the _____ date?

6 그는 부수적인 입장을 취하고 있다.   He takes a _____ position.

7 그들의 의도는 애매하다.   Their intentions are _____.

8 조명은 어두침침했다.   The light was _____.

9 그것은 비옥한 토지이다.   It is _____ land.

10 쓰레기는 투명한 봉투에 넣어라.   Put your garbage in a
                                 _____ bag.

고등학교 교과정 4

---

1 dense   2 solemn   3 deficient   4 extravagant
5 due   6 subordinate   7 obscure   8 dim
9 fertile   10 transparent

Unit 172

단어를 보자!

□ ❶ **preliminary** 예비의
　　[prilímənèri]

□ ❷ **wicked** 사악한
　　[wíkid]

□ ❸ **reckless** 무모한
　　[réklis]

□ ❹ **queer** 기묘한
　　[kwíər]

□ ❺ **spontaneous** 자발적인
　　[spɑntéiniəs]

□ ❻ **patriotic** 애국심이 강한
　　[pèitriátik]

□ ❼ **shrewd** 빈틈이 없는
　　[ʃrú:d]

□ ❽ **ripe** 익은
　　[ráip]

□ ❾ **random** 닥치는 대로의
　　[rǽndəm]

□ ❿ **naughty** 장난꾸러기인
　　[nɔ́:ti]

자주 사용되는 표현을 익히자!

❸ It is a reckless attempt. 　그것은 무모한 시도이다.

❻ They have patriotic feelings. 　그들은 애국심이 강하다.

❼ He is shrewd in business. 　그는 장삿속이 밝다.

❾ He made a random choice. 　그는 되는대로 골랐다.

❿ He is a naughty boy. 　그 아이는 장난꾸러기이다.

파생어 · 관련어

❷ wíckedness 사악　❻ pátriotism 애국심　❼ shréwdness 빈틈없음

NOTES : ❶ 프리테스트(pretest : 예비 시험) ❾ 랜덤 샘플(random sample : 무작위 표본)

영어로 말해보자!

1   그 아이는 장난꾸러기이다.   He is a _____ boy.

2   우리는 예비 시험을 쳤다.   We had a _____ test.

3   과일은 익어 있다.   The fruit is _____.

4   그는 사악한 마음을 가지고 있다.   He had a _____ mind.

5   그것은 무모한 시도이다.   It is a _____ attempt.

6   그들은 애국심이 강하다.   They have _____ feelings.

7   별난 기호를 가지고 있구나.   You have _____ tastes.

8   그는 장삿속이 밝다.   He is _____ in business.

9   그는 되는대로 골랐다.   He made a _____ choice.

10 그것은 자발적인 행위였다.   It was a _____ act.

고등학교과정 4

---

1 naughty   2 preliminary   3 ripe   4 wicked
5 reckless   6 patriotic   7 queer   8 shrewd
9 random   10 spontaneous

Group 5를 끝으로 총 1720단어를 살펴보았습니다.

이 책에는 부록으로 Back stage(무대 뒤) 투어가 준비되어 있습니다.

부록의 목적은 단어가 어떻게 만들어져 있는가, 즉 어원을 살펴보는 것입니다. 어원은 단어를 공부하는데 있어 강력한 무기가 될 수 있으나 잘 활용되지 않고 있습니다. 그 이유 중에 하나가 어원이 단어 학습에 얼마나 도움이 되는지를 모르기 때문입니다. 고등학교 수준의 단어 중에서 반 수 가까이의 단어에 적용되므로 꽤 많은 도움이 될 것입니다. 아울러 어원이 어렵다고 느낄 수도 있으나 이 책에서는 한 눈에 들어오도록 정리해 두었습니다.

어원을 알면 본 적이 없는 영단어라도 뜻을 유추할 수 있게 됩니다. 그렇게 되면 영단어에 대한 공포가 없어질 것입니다. 부록까지 꼭 살펴보도록 합시다.

Group 5의 불규칙 동사

현재	과거	과거분사			
forbid	forbade	forbidden	foresee	foresaw	foreseen
leap	leapt	leapt (or-ed)	spill	spilt	spilt (or-ed)
stick	stuck	stuck	burst	burst	burst
strive	strove	striven (or-ed)	breed	bred	bred
cling	clung	clung	swear	swore	sworn
withstand	withstood	withstood	shrink	shrank	shrunk
swell	swelled	swollen (or-ed)			

Backstage Tour

영단어의 어원

우리가 매일같이 접하는 단어 중에 '편의점'이 있습니다. 이 단어부터 살펴봅시다.

'편의점'은 영어로 convenience store이며 convenience는 '편리'를 뜻합니다.
이 단어를 우선 con과 venience로 나눠 봅시다.
다음은 venience를 짧게 vieni로 바꾸고 앞뒤 단어를 살짝 옮기면 vieni con이 됩니다. 이것에 me를 더하면 이탈리아어가 됩니다.

Vieni con me!　　발음은 [비에니 콘 메]입니다.
(Come with me!)

❷ 영단어의 구조

위의 예로 세 가지 사실을 알 수 있습니다.

1. convenience는 두 부분으로 나뉜다.
2. convenience에서 con은 with를 뜻하는 전치사다.
3. 이탈리아어와 관련이 있다.

con은 with(함께), venience는 vieni (venire 오다)를 나타내며 '함께 오다'라는 뜻입니다. con뿐만 아니라 in, ex, sub 등으로 시작되는 영단어들도 많이 볼 수 있습니다. 이들은 단어 앞에 오며 위치 관계를 나타냅니다. 그 이유는 이들이 이탈리아어의 뿌리인 라틴어의 전치사에서 유래했기 때문입니다.

즉, inspect, export, submit 등은 "전치사~"의 형태 (in + spect, ex + port, sub + mit)로 구성되어 있습니다. 예를 들어 철자가 비슷해 혼동하기 쉬운 export, expect, except도 단순히 같은 전치사(ex)를 사용하고 있는 것뿐입니다. 이것이 영단어에 철자가 비슷한 단어가 많은 이유, 즉 영단어를 혼동하게 하는 이유입니다.

❸ 어원을 가까이 하자

//////////////////////////////////

이처럼 어원에 대해 이야기 할 때는 대부분 라틴어나 그리스어가 등장합니다. 라틴어와 그리스어가 나온다는 말을 듣는 순간 영어가 더욱 멀게 느껴질 수도 있습니다. 그러나 영단어 실력을 키우는 게 목적이라면 특별한 지식은 필요치 않습니다.

어원을 사용하여 영단어를 살펴보는 것에 대해 한 번 더 생각해 봅시다. 예를 들어 inspect라는 단어를 i, n, s, p, e, c, t와 같이 알파벳으로 나누면 이 단어는 각각의 음들이 모여 있는 집합에 지나지 않습니다. 그러나 어원을 토대로 나누면 in + spect가 되며 두 가지 뜻이 결합되어 있는 것을 알 수 있습니다. 즉, 발음 문자인 알파벳을 표의문자로 취급해 뜻을 파악하는 것입니다. 표의문자란 '한자'와 같이 일정한 뜻을 가지고 있는 문자를 말합니다.

inspect를 [인스펙트]라고 몇 번을 발음해도 이 단어가 가진 뜻은 알 수 없습니다. 그러나 in(안) + spect(보다)와 같이 어원으로 살펴보면 '검사하다'는 이미지가 떠오를 것입니다.

그러므로 영단어의 어원을 공부하면 누구라도 단어가 가진 이미지를 쉽게 떠올릴 수 있습니다.

❹ 단어 전반 부분의 뜻을 알자

//////////////////////////////////

우선 단어 전반 부분의 어원을 살펴봅시다. 겨우 열 개가 조금 넘지만 이들의 의미를 알면 단어를 보는 방식이 크게 바뀝니다.
왜냐하면 처음 본 단어라도 뜻을 유추할 수가 있기 때문입니다. 이러한 접근 방식에 익숙해지면 con으로 시작되는 단어를 봤을 때 '하나로 합쳐지다'는 이미지를 떠올리거나 dis로 시작되는 단어를 보고 '분리되다'는 이미지를 떠올릴 수 있게 됩니다. 이것은 '공생, 공동, 공통'처럼 '공~'으로 시작되는 단어를 볼 때와 같은 감각입니다.

in 안 · 아니다   **ex** 밖
con 함께   **dis** 분리되다
pro 앞 : 위치   **pre** 앞 : 시간
re 다시 · 돌아오다   **per** 완전히
ad 향하다   **ob** 향하다 · 반대
sub 밑   **de** 밑 · 강하다 · 분리하다
inter 사이   **trans** 옮기다

* 마지막 문자는 다음 문자에 따라서 바뀌는 경우가 있다. (ann~, opp~)
* 대부분은 전치사에 유래되었으나 re 등과 같이 예외도 있다.

다음으로 단어 후반 부분에서 사용되는 어원을 알파벳순으로 살펴봅시다. 앞에서 이미 살펴본 단어들이 어원과 함께 다시 등장합니다.

어원으로 보는 영단어

ACT (행동)
  act (행동)   행동하다
  active (행동)   행동적인
  actual (행동)   행동적인
  react (재차 + 행동) 반응하다
  interact (사이+행동) 상호작용하다

ANCE (앞)
  ancient (앞)   고대의
  ancestor (앞)   선조
  advance (향하여, 앞)   나아가다
  advantage (향하여, 앞) 유리

ANG (졸라매다 → 고통)

  angry (고통)   화난
  anxious (고통)   걱정하는

ANN (년)
  annual (년)   해마다의
  anniversary (년, 변화) 기념일

ASTRO (별)
  astronaut (별)   우주비행사
  astronomy (별, 법)   천문학
  disaster (분리하다, 별 → 불길) 재해

BIO (인생)
  biology (인생, 학문)   생물학

biography (인생, 서법)　전기

CAP　(취하다)
  capacity (취하다→가진 양) 능력
  capture (취하다)　　　붙잡다

CAST　(던지다)
  cast (던지다)　　　　던지다
  forecast (앞, 던지다)　　예보
  broadcast (넓은, 던지다)　방송

CEED / CESS　(가다)
  exceed (밖, 가다)　　　넘다
  succeed (밑, 가다)　　성공하다
  → 밑에서부터 가다)
  unprecedented (아니다, 앞, 가다)
  　　　　　　　　　전례가 없는
  process (앞, 가다)　　　과정
  access (향하다, 가다)　　접근

CEIVE / CEPT　(취하다)
  receive (다시, 취하다)　　받다
  conceive (함께, 취하다, 씨받이들이다)
  　　　　　　　　　마음에 품다
  perceive (완전 , 취하다)　지각하다
  deceive (분리 , 취하다 → 탈취하다)
  　　　　　　　　　　속이다
  except (밖, 취하다)　　　이외
  concept (함께, 취하다)　개념, 구상
  accept (향하다, 취하다)　받아들이다
  anticipate (앞, 취하다)　예상하다
  participate (나누다, 취하다) 참가하다

CENTR　(중심)
  concentrate (함께, 중심) 집중하다

eccentric (밖, 중심)　　괴상한

CID　(떨어지다)
  accident (향하다, 떨어지다) 사고
  incident (안, 떨어지다)　　사건
  coincidence (함께, 안, 떨어지다) 일치

CIDE　(자르다)
  decide (밑, 자르다 → 끊다)　결정하다
  suicide (자신, 자르다)　　자살
  concise (함께, 자르다)　　간결한
  precise (앞, 자르다 → 갖추다) 정확한

CLIN　(경사)
  incline (안, 경사)　　　기울다
  decline (밑, 경사 → 제의를) 거절하다

CLUD　(닫다)
  include (안, 닫다)　　　포함하다
  exclude (밖, 닫다)　　　제외하다
  conclude (함께, 닫다)　　결말을 짓다
  disclose (분리하다, 닫다) 폭로하다

CONTRA　(반대하여)
  contrary (반대하여)　　　반대의
  contrast (반대하여)　　　대조

COUR　(마음)
  courage (마음)　　　　용기
  encourage (안, 마음)　　격려하다
  discourage (분리하다, 마음) 낙담시키다

CRE (만들다)
  create (만들다)　　　　창조하다
  creature (만들다→ 신이 만든) 창조물

367

increase (안, 만들다)　증가하다
decrease (밑, 만들다)　감소하다
concrete (함께, 만들다 → 형태를 만들다)
　　　　　구체적인

CRED (믿다)
credit (믿다)　신용
incredible (아니다, 믿다) 믿을 수 없는

CULT (경작하다)
cultivate (경작하다)　경작하다
culture (경작하다)　문화
agriculture (땅, 경작하다) 농업
colony (경작하다)　식민지

CUR (달리다)
current (달리다 → 진행 중) 현재의
occur (향하다, 달리다)　일어나다

CURE (정신)
care (정신)　걱정하다
careful (정신)　주의 깊은
cure (정신)　치료하다
accurate (향하다, 정신 → 주의하다)
　　　　　정확한
secure (분리하다, 정신 → 걱정이 없다)
　　　　　확보하다

DEM (민중)
democracy (민중, 다스리다)
　　　　　민주주의
epidemic (사이에, 민중
　→ 사람들 사이에 닥치다) 전염병

DICT (말하다)

indicate (안, 말하다)　가리키다
dedicate (강하다, 말하다 → 제안)
　　　　　바치다
predict (앞, 말하다)　예언하다
contradict (반대, 발하다) 모순되다

DU (빚을 지다)
debt (빚을 지다)　빚
duty (빚을 지다)　의무
due (빚을 지다) 마땅히 지급되어야 할

DUCT (인도하다)
education (밖, 인도하다 → 이끌어 내다)
　　　　　교육
conduct (함께, 인도하다) 행동하다
produce (앞, 인도하다)　생산하다
reduce (돌아오다, 인도하다) 감소하다
introduce (안, 인도하다)　소개하다
induce (안, 인도하다)　권유하다

FACT (만들다)
factory (만들다)　공장
fact (만들다 → 새로 만들어진) 사실
factor (만들다)　요소
affect (향하다, 만들다) 영향을 미치다
effect (밖, 만들다)　효과
perfect (완전하다, 만들다) 완전한
infect (안, 만들다)　감염시키다
defect (밑, 만들다)　결함
efficient (밖, 만들다)　효율적인
sufficient (밑, 만들다　충분한
　→ 밑에서부터 만들다)
deficient (밑, 만들다)　부족한
artificial (기술, 만들다)　인공의
benefit (좋은, 만들다)　이익

368

profit (앞, 만들다 → 전진) 이익
affair (향하다, 만들다 → 발생) 사건

FAM (말하다)
fame (말하다)　　　　　명성
fate (말하다 → 예언된)　　운명
infant(아니나 , 말하다 → 말할 수 없다)
　　　　　　　　　　　　유아

FER (운반하다)
different (분리, 운반하다) 다른
indifferent (아니다, 분리, 운반하다
→ 구별이 없음)　　　　무관심한
prefer (앞, 운반하다 → 앞에서 취하다)
　　　　　　　　　　　좋아하다
refer (돌아오다, 운반하다) 언급하다
suffer (밑, 운반하다)　괴로워하다
transfer (옮기다, 운반하다)
　　　　　　　　　　　이동하다
offer (향하다, 운반하다)　제공하다
conference (함께, 운반하다) 회의

FESS (말하다)
profession (앞, 말하다　직업
→ 능력을 공언하다)
confess (함께, 말하다)　고백하다

FIN (끝나다)
finish (끝나다)　　　　끝내다
infinite (아니다, 끝나다)　무한의
confine (함께, 끝나다)　제한하다
define (강하다, 끝나다 → 경계선)
　　　　　　　　　　　정하다
definite (강하다, 끝나다) 명확한
financial (끝나다 → 정산) 금전의

FIRM (굳은)
firm (굳은)　　　　　　굳은
confirm (함께, 굳은)　확인하다
affirm (향하다, 굳은)　단언하다

FLECT (구부리다)
reflect (돌아오다, 구부리다 → 빛)
　　　　　　　　　　　반영하다
flexible (구부리다)　　유연한

FLU (흐르다)
fluent (흐르다)　　　　유창한
influence (안, 흐르다 → 흘려 넣다)
　　　　　　　　　　영향을 주다
affluent (향하다, 흐르다 → 넘치다)
　　　　　　　　　　　유복한
flood (흐르다)　　　　홍수

FORCE (힘)
force (힘)　　　　　　힘
effort (밖, 힘)　　　　노력
roinforoo (디시, 힘)　깅희히디

FORM (형태)
form (형태)　　　　　형태
formal (형태)　　　　형식적인
reform (다시, 형태)　개정하다
conform (같은, 형태)　일치하다
transform (옮기다, 형태) 변형하다
uniform (하나, 형태)　제복
inform (안, 형태 → 지식을 형성)
　　　　　　　　　　　보고하다

FUND (기초)

fundamental (기초) 기본적인
found (기초) 창설하다
profound (앞, 기초 → 토대) 심원한

FUSE (붓다)
confuse (함께, 붓다 → 여러 가지를 붓다)
혼란시키다
refuse (돌아오다, 붓다) 거절하다

GEN (출생)
generate (출생) 산출하다
generation (출생) 세대
genuine (출생 → 선천적) 진짜의
general (출생 → 종 전체) 일반적인
gentle (출생 → 출신이 좋음)
부드러운
generous (출생 → 출신이 좋음)
관대한

GEST (운반하다)
gesture (운반하다 → 전하다) 몸짓
digest (분리하다, 운반하다) 소화하다
suggest (밑, 운반하다 → 전하다)
제안하다
exaggerate (밖, 운반하다) 허풍떨다

GNO (알다)
knowledge (알다) 지식
acknowledge (알다) 인정하다
ignore (아니다, 알다) 무시하다
ignorant (아니다, 알다) 무지한
recognize (다시, 알다) 인정하다

GRAD (단계)

grade (단계) 학년
graduate (단계) 졸업하다
gradually (단계) 서서히
degree (밑, 단계) 정도

GRAT (기쁨)
gratitude (기쁨) 감사
gratify (기쁨) 만족시키다
agree (기쁨) 찬성하다
disagree (기쁨) 반대하다
grace (기쁨) 우아
congratulate (기쁨) 축하하다

GRAV (무거운)
grave (무거운) 중대한
grief (무거운 → 마음이 무겁다)
큰 슬픔

GRESS (걷다)
progress (앞, 걷다) 진보
aggressive (향하다, 걷다) 공격적인
Congress (함께, 걷다 → 집합) 의회

HAB (가지다)
habit (가지다) 버릇
inhabit (안, 가지다 → 거처) 살다
exhibit (밖, 가지다) 전시하다
prohibit (앞, 가지다 → 떼어놓아 가지다)
금하다

HERI (이어지다)
heritage (이어지다) 유산
inherit (안, 이어지다) 상속하다
IT (가다)

initial (안, 가다 → 입구)　처음의
ambitious (두루 미치다, 가다)
　　　　　　　　　　　　야심을 가진

JECT (던지다)

reject (돌아오다, 던지다)　거절하다
object (향하다, 던지다 → 표적) 물체
　　　　(반대, 던지다)　　반대하다
objective (향하다, 던지다) 객관적인
subject (밑, 던지다 → 지배해야할 것)
　　　　　　　　　　　　　과목
subjective (밑, 던지다)　주관적인
project (앞, 던지다 → 앞 쪽에 비추다)
　　　　　　　　　　　　　계획

JU (올바른)

judge (올바른)　　　　판단하다
justice (올바른)　　　정의
justify (올바른)　　　정당화하다
adjust (향하다, 올바른)　조정하다
prejudice (앞, 올바른 → 미리 결정하
다)
　　　　　　　　　　　편견
injure (아니다, 올바른)　상처를 입히다

LABO (일하다)

labor (일하다)　　　　노동
laboratory (일하다)　　실험실
elaborate (밖, 일하다)　정성들인

LATE (운반하다)

relate (돌아오다, 운반하다) 관계 짓다
translate (옮기다, 운반하다)
번역하다

LAX (느슨하게)

relax (돌아오다, 느슨하게) 느슨해지다
release (돌아오다, 느슨하게) 해방하다
analysis (완전히, 느슨하게→따로따로)
　　　　　　　　　　　　분석

LECT (선택)

elect (밖, 선택 → 선출)　선출하다
collect (함께, 선택)　　　모으다
recollect (다시, 함께, 선택)
　　　　　　　　　　생각해 내다
intellectual (사이, 선택 → 속속들이
알다)　　　　　　　　지적인
neglect (아니다, 선택)　무시하다
select (분리하다, 선택)　고르다
diligent (분리하다, 선택
→ 정성들여 꼼꼼히 함)　근면한

LEG (법률)

legal (법률)　　　　　　법적인
privilege (나, 법률 → 사적인 법) 특권

LIG (묶다)

oblige (향하다, 묶다)　의무를 지우다
loyal (묶다)　　　　　충성스러운
colleague (함께, 묶다)　동료

LOG (말씀)

logic (말씀)　　　　　　논리
psychology (마음, 말씀) 심리학
technology (기술, 말씀) 과학기술
apologize (분리하다, 말씀→벗어나다)
　　　　　　　　　　　사죄하다
eloquent (밖, 말씀 → 목소리를 내다)
　　　　　　　　　　　웅변의
dialogue (사이, 말씀)　대화

371

MAG (큰)
major (큰)   큰 쪽의
maximum (큰)   최대
magnify (큰)   확대하다

MAND (요구하다)
demand (강하다, 요구하다) 요구하다
command (함께, 요구하다)   명령
recommend (다시, 함께, 요구하다)
                              추천하다

MANU (손)
manufacture (손, 만들다) 제조하다
manage (손→순서)   관리하다
manipulate (손, 풍족하다) 조작하다

MEDI (중간)
medium (중간→사이에 있다) 매체
immediate
(아니다, 중간→도중이 없다) 즉석의

METER (측정)
geometry (땅, 측정→측량)기하학
barometer (무겁다, 측정) 지표

MIN (작은)
minor (작은)   작은
minimum (작은)   최소수
diminish (분리하다, 작은)축소하다
minute (작은)   상세한
minister (작은→봉사하다) 장관
administer (향하다, 작은→봉사하다)
                              관리하다

MIR (놀라다)
miracle (놀라다)   기적
admire (향하다, 놀라다) 칭찬하다
marvel (놀라다)   놀라다

MIT / MISS (보내다)
admit (향하다, 보내다→넣다)
                              인정하다
permit (완전한, 보내다→막을 수 없다)
                              허가하다
submit (밑, 보내다)   제출하다
commit (함께, 보내다→몸을 맡기다)
                              범하다
committee (함께, 보내다→맡기다)
                              위원회
transmit (옮기다, 보내다) 발송하다
omit (반대, 보내다)   생략하다
mission (보내다→파견) 임무
dismiss (분리하다, 보내다) 해산하다
promise (앞, 보내다→제출하다)
                              약속
compromise (함께, 앞, 보내다→쌍방)
                              타협

MOD (형태)
modify (형태)   수정하다
moderate (형태→형식적인) 온화한
modest (형태→형식적인) 겸손한
commodity (함께, 형태→같은 형태)
                              상품
accommodate (향하다, 함께, 형태)
                              수용하다

MORT (죽음)
mortal (죽음)   죽음의
murder (죽음)   살인

MOT (움직이다)

move (움직이다)   움직이다
remove (다시, 움직이다) 제거하다
motive (움직이다)   동기
promote (앞, 움직이다)   촉진하다
emotion (밖, 움직이다)   감정
   → 밖에 나가려는 동작)
remote (돌아오다, 움직이다) 먼

MUT (변하다)

commute (함께, 변하다 → 쌍방향)
                          통근하다
mutual (변하다)   상호의

NAT (태어난)

nature (태어난)   자연
native (태어난)   모국의
national (태어난 → 그것에서 태어난)
                          국가의
naive (태어난 → 태어난 채로의)
                          고지식한
pregnant (앞, 태어난)   임신한

NOTE (표시)

notice (표시)   알아차리다
notion (표시)   개념

NOUNCE (발표)

pronounce (앞, 발표)   발음하다
announce (향하다, 발표) 발표하다
renounce (돌아오다, 발표 → 철회)
                          포기하다
denounce (밑, 발표)   비난하다

OPT (희망하다)

optimistic (희망하다)   낙관적인
adopt (희망하다)   채용하다

PAR (보이다)

appear (보이다)
apparent (향하다, 보이다) 분명한
disappear (분리하다, 향하다, 보이다)
                          사라지다
transparent (옮기다, 보이다) 투명한

PARE (갖추다)

prepare (앞, 갖추다)   준비하다
repair (돌아오다, 갖추다) 수리하다
separate (분리하다, 갖추다) 가르다

PART (부분)

depart (분리하다, 부분)   출발하다
department (분리하다, 부분) 부문
parcel (부분 → 작은 것)   소포

PAT / PASS (느끼다)

patient (느끼다)   참을성이 있는
pathetic (느끼다)   측은한
sympathy (같은, 느끼다) 동정
passion (느끼다)   정열

PED (발)

pedestrian (걷다)   보행자
expedition (밖, 발)   원정

PEND (매달다)

depend (밑, 매달다 → 축 늘어지다)
                          의지하다
independent (아니다, 밑, 매달다)

독립한

expense (밖, 매달다→양팔저울→화폐)
비용

expensive (밖, 매달다) 값비싼

spend (밖(ex), 매달다) 소비하다

compensate (함께, 매달다 → 균형)
보상하다

indispensable (아니다, 분리하다,
매달다 → 떨어질 수 없는) 필수의

suspend (밑, 매달다→공중에 매달림)
정지하다

PERI (시험하다)

experience (밖, 시험하다) 경험

experiment (밖, 시험하다) 실험

expert (밖, 시험하다) 전문가

peril (시험하다) 위험

PET (추구하다)

compete (함께, 추구하다) 경쟁하다

competent (함께, 추구하다 → 경쟁력)
유능한

appetite (향하다, 추구하다) 식욕

petition (추구하다) 탄원

repeat (다시, 추구하다) 반복하다

PHAS (나타나다)

emphasize (안, 나타나다) 강조하다

phenomenon (나타나다) 현상

phase (나타나다) 국면

PLE (채우다)

plenty (채우다) 풍부한

complete (채우다) 완성하다

supply (채우다) 공급하다

implement (안, 채우다) 실행하다

PLY (꺾다)

apply (향하다, 꺾다 → 목표를 향해서)
적합하다

reply (돌아오다, 꺾다 → 되돌아옴)
대답하다

imply (안, 꺾다 → 보이지 않도록)
암시하다

employ (안, 꺾다 → 포함하다)
고용하다

display (분리하다, 꺾다 → 열다)
표시하다

complicate (함께, 꺾다) 복잡하게 하다

multiply (많은, 꺾다) 증가시키다

diplomacy (둘, 꺾다 → 공문서) 외교

POINT (가리키다)

punctual (가리키다 →지시대로)
시간을 지키는

appointment (향하다, 가리키다 →지정)
약속

disappoint (분리하다, 향하다,
가리키다 → 지명이 없는) 실망시키다

POPU (사람)

popular (사람) 인기 있는

population (사람) 인구

public (사람) 공공의

publish (사람 → 퍼지다) 출판하다

republic (일, 사람 → 사람들) 공화국

PORT (운반하다)

import (안, 운반하다) 수입하다

export (밖, 운반하다) 수출하다

transport (옮기다, 운반하다) 수송하다
support (밑, 운반하다) 지탱하다

POSE (놓다)
pose (놓다) 지시하다
impose (안, 놓다) 지우다
expose (밖, 놓다) 드러내다
propose (앞, 놓다 → 상대방 앞으로) 제안하다
dispose (분리하다, 놓다) 처리하다
compose (함께, 놓다) 구성하다
oppose (반대, 놓다) 반대하다
opponent (반대, 놓다) 대항자
suppose (밑, 놓다 → 그것을 토대로) 생각하다
purpose (앞(pro), 놓다) 목적
pause (놓다 → 일을) 한숨돌리다
postpone (뒤, 놓다) 연기하다

PRESS (누르다)
express (밖, 누르다 → 밀어내다) 표현하다
impress (안, 누르다 → 억지로 밀어넣다) 인상을 주다
depress (밑, 누르다) 낙담시키다

PRI (가치)
price (가치) 가격
praise (가치) 칭찬하다
precious (가치) 귀중한
appreciate (가치) 평가하다

PRIM (주최)
prime (주최) 주된
primitive (주최) 원시적인

principal (주최) 주요한
principle (주최) 원칙

PRISE (잡다)
surprise (위, 잡다) 놀라게하다
prize (잡다) 상
prison (잡다) 형무소
enterprise (들어가다, 잡다) 사업
comprehend (함께, 잡다) 이해하다

PROVE (조사하다)
prove (조사하다 → 실증) 증명하다
proof (조사하다) 증거
approve (향하다, 조사하다) 승인하다

QUIRE (구하다)
require (다시, 구하다) 요구하다
acquire (향하다, 구하다) 얻다
inquire (안, 구하다 → 정보를) 묻다
conquer (함께, 구하다) 정복하다
quest (구하다) 탐구
request (다시, 구하다) 요구하다

RADI (놓다)
radiate (놓다) 빛을 내다
radius (놓다 → 원의 중심부터) 반경

RECT (올바른)
correct (함께, 올바른) 올바른
erect (올바른 → 곧게) 세우다
direct (올바른 → 곧게) 직접의

REG (통치하다)
regular (통치하다) 규칙적인
regulate (통치하다) 규제하다

375

region (통치하다 → 통치)　지역
royal (통치하다 → 통치)　왕실의

RUPT (부수다)
corrupt (함께, 부수다)　부패시키다
interrupt (사이, 부수다)　중단하다
bankrupt (크게, 부수다)　파산의

SACRE (신성한)
sacred (신성한)　신성한
sacrifice (신성한, 만들다 → 제물) 희생

SANI (건강한)
sanitary (건강한 → 건전)　위생의
insane (아니다, 건강한)　미친

SCEND (오르다)
ascend (향하다, 오르다)　오르다
descend (밑, 오르다)　내려가다

SCI (알다)
conscious (함께, 알다)　의식적인
conscience (함께, 알다 → 분별) 양심

SENS (느끼다)
sensitive (느끼다)　민감한
sensible (느끼다 → 감성) 분별이 있는
resent (돌아오다, 느끼다)　분개하다
consent (함께, 느끼다)　동의
sentiment (느끼다)　심정

SEQU (이어지다)
consequence (함께, 이어지다 →
정리하다)　결과
executive (밖, 이어지다 → 완수하다)

집행 위원회
pursue (앞, 이어지다)　추구하다
suitable (이어지다 → 따르다) 적절한

SERT (결합하다)
desert (분리하다, 결합하다 →
없어지다)　사막
exert (밖, 결합하다 → 힘을 밖으로)

발휘하다

SERV (지키다) (봉사하다)
conserv (함께, 지키다)　보존하다
preserve (앞, 지키다)　보존하다
reserve (돌아오다, 지키다 → 남겨두다)
예약하다
observe (향하다, 지키다)　관찰하다
serve (봉사하다)　내다
deserve (강하다, 봉사하다 →
도움이 되다)　가치가 있다

SID / SESS (앉다)
reside (돌아오다, 앉다 → 자리에 앉다)
살다
possess (힘, 앉다 → 놓아두다)
소유하다
obsess (향하다, 앉다)　달라붙다

SIGN (표시)
sign (표시)　기호
assign (향하다, 표시 → 각각에) 할당하다
resign (돌아오다, 표시)　사직하다
design (밑, 표시)　설계하다
significant (표시 → 표시를 하다)
중요한
signify (표시)　나타내다

SIM (같은)

same (같은)   같은
similar (같은)   비슷한
resemble (돌아오다, 같은) 닮다
assemble (향하다, 같은 →
같은 장소에)   모이다

SIST (서다)

consist (함께, 서다)   이루어져 있다
assist (향하다, 서다 → 상대방을 향하다)
    돕다
resist (돌아가다, 서다 → 위압하여
되돌리다)   저항하다
insist (안, 서다 → 움직이지 않는다)
    주장하다
exist (밖, 서다)   존재하다
persist (완전한, 서다)   고집하다

SOLV (풀다)

solve (풀다)   해결하다
resolve (돌아오다, 풀다) 해결하다
absolute (분리하다, 풀다 → 풀 수 없다)
    절대적인

SPECT (보다)

specific (보다 → 사람이 보다) 특정의
spectator (보다)   구경꾼
inspect (안, 보다)   검사하다
expect (밖, 보다 → 밖을 바라보면서)
    예상하다
aspect (향하다, 보다 → 보이는 부분)
    국면
respect (돌아오다, 보다 → 새로 고쳐 보다)
    존경하다
suspect (밑, 보다 → 뒤를 몰래 탐지하다)

    의심하다
species (보다 → 겉모습으로 정리하다)
    종
prospect (앞, 보다)   예상
perspective (완전한, 보다) 전망
despise (밑, 보다)   경멸하다

SPIRE (숨 쉬다)

inspire (안, 숨 쉬다 → 불어넣다)
    자극하다
aspire (향하다, 숨 쉬다 → 지향하다)
    열망하다

STA (세우다)

stand (세우다 → 선채로)   견디다
withstand (대립, 세우다) 견디어 내다
stable (세우다)   안정된
establish (밖, 세우다)   설립하다
statue (세우다)   상
status (세우다 → 입장)   지위
circumstance (주위, 세우다) 상황
constant (함께, 세우다 → 같은 상태)
    일정한
distance (분리하다, 세우다) 거리
substance (밑, 세우다 → 표면 아래)
    내용
obstacle (반대, 세우다)   장애

STI (세우다)

institution (안, 세우다)   기관
constitute (함께, 세우다) 구성하다
substitute (밑, 세우다 → 대리)
    대신하다
superstition (위, 세우다 → 초연)
    미신

destiny (강한, 세우다 → 흔들리지 않는)
　　　　　　　　　　　　　　　　　　운명

STING (찌르다)

distinguish (분리하다, 찌르다 →
찔러서 분리하다)　　　　　구별하다
distinct (분리하다, 찌르다) 뚜렷한
extinguish (밖, 찌르다 → 내다)
　　　　　　　　　　　　　소멸시키다
instinct (안, 찌르다 → 몸 안에 있는)
　　　　　　　　　　　　　　　　본능
stimulate (찌르다)　　　자극하다

STR (힘)

strong (힘)　　　　　　　강한
district (분리하다, 힘 → 따로따로)
　　　　　　　　　　　　　　　　구역
strict (힘)　　　　　　　엄격한
restrict (돌아오다, 힘)　제한하다
strain (힘)　　　　　　　긴장
restrain (돌아오다, 힘)　억제하다

STRUCT (짓다)

structure (짓다)　　　　구조
construction (함께, 짓다) 건설
destroy (밑, 짓다)　　　파괴하다
instruct (안, 짓다 → 능력을 만들다)
　　　　　　　　　　　　　　지도하다
obstruct (반대, 짓다)　방해하다

SULT (뛰어오르다)

result (돌아오다, 뛰어오르다 →
튀어서 되돌아오다)　　　　결과
insult (안, 뛰어오르다 →
마음을 덮치다)　　　　　　모욕하다

assault (향하다, 뛰어오르다) 심한 공격

SUME (취하다)

consume (함께, 취하다)　소비하다
assume (향하다, 취하다)　가정하다
presume (앞, 취하다)　　추정하다
resume (다시, 취하다)　　회복하다

TAIN (가지다)

contain (함께, 가지다)　포함하다
retain (돌아오다, 가지다)　보유하다
obtain (향하다, 가지다)　얻다
sustain (밑, 가지다)　　지탱하다
maintain (손, 가지다)　유지하다
entertain (사이, 가지다 →
안으로 맞이하다)　　　즐겁게 해주다
content (함께, 가지다)　내용
continent (함께, 가지다 →
하나로 합치다)　　　　　　대륙

TECT (덮다)

protect (앞, 덮다)　　　지키다
detect (분리하다, 덮다)　검출하다

TEMPER (따뜻하다)

temperature (따뜻하다)　온도
temper (따뜻하다 → 온화한) 성질

TEMPO (때)

temporary (때)　　　　일시적인
contemporary (함께, 때 → 동시대)
　　　　　　　　　　　　　　현대의

TEND (뻗다)

extend (밖, 뻗다)　　　늘리다

extent (밖, 뻗다)　　　정도

attend (향하다, 뻗다 → 향해서 가다)
　　　　　　　　　　　출석하다

contend (함께, 뻗다 → 함께 뻗다)
　　　　　　　　　　　싸우다

intend (안, 뻗다 → 들어가다) 의도하다

pretend (앞, 뻗다 → 크게 보이다)
　　　　　　　　　　　~인 체하다

tension (뻗다 → 늘리면 뻣뻣해지다)
　　　　　　　　　　　긴장

intense (안, 뻗다 → 팽팽한 상태)
　　　　　　　　　　　격렬한

TERM (끝)

term (끝 → 기한)　　　기간

determine (강하다, 끝)　결정하다

exterminate (밖, 끝)　멸종시키다

TEXT (천을 짜다)

context (함께, 천을 짜다 →
내용을 포함시키다)　　문맥

subtle (밑, 천을 짜다 → 세세한) 미묘한

TORT (굽은)

distort (분리하다, 굽은)　비틀다

torture (굽은 → 몸을)　고문

TRACT (끌다)

attract (향하다, 끌다)　끌어당기다

contract (함께, 끌다 → 관계를 맺다)
　　　　　　　　　　　계약

extract (밖, 끌다)　　끌어내다

abstract (분리하다, 끌다 → 추출)
　　　　　　　　　　　추상적인

treat (끌다 → 끌어당기다)　다루다

TRIBUTE (주다)

contribute (함께, 주다)　공헌하다

distribute (분리하다, 주다) 분배하다

attribute (향하다, 주다 → 돌려보내다)
　　　　　　　　　　　탓으로 하다

TRU (누르다)

threat (누르다)　　　위협

intrude (안, 누르다)　침입하다

TURB (어지럽다)

trouble (어지럽다)　　귀찮은 일

disturb (분리하다, 어지럽다) 방해하다

USE (사용하다)

useful (사용하다)　　쓸모 있는

abuse (분리하다, 사용하다) 남용하다

utility (사용하다)　　유용성

VA (텅 빈)

vain (텅 빈)　　　　쓸모없는

vacant (텅 빈)　　　빈

avoid (텅 빈)　　　피하다

inevitable (아니다, 텅 빈, 없다)

= unavoidable　　　필연적인

VAGA (떠돌아다니다)

vague (떠돌아다니다)　애매한

extravagant (밖, 떠돌아다니다 →
넘다)　　　　　　　　낭비하는

VAL (가치)

value (가치)　　　　가치

evaluate (밖, 가치)　평가하다

valid (가치)　　　　유효한

available (향하다, 가치 있는)

이용할 수 있는

prevail (앞, 가치 있는 → 평가된)

보급되다

VENT (오다)

event (밖, 오다)　　　사건

invent (안, 오다 → 새로 들어가다)

발명하다

prevent (앞, 오다 → 오기 전에) 방지하다

convention (함께, 오다)　회의

advent (향하다, 오다)　　도래

avenue (향하다, 오다)　　큰 길

revenue (돌아오다, 오다)　세입

convenient (함께, 오다)　편리한

VERSE (변하다)

convert (함께, 변하다)　　변환하다

conversation (함께, 변하다 →

쌍방향)　　　　　　　회화

reverse (돌아오다, 변하다) 반대의

advertise (향하다, 변하다 → 주목시키다)

선전하다

diverse (분리하다, 변하다)　다양한

divorce (분리하다, 변하다)　이혼하다

VIA (길)

voyage (길)　　　　　　항해

convey (함께, 길)　　　　전달하다

obvious (향하다, 길 → 눈 앞) 명백한

previous (앞, 길)　　　　이전의

trivial (셋, 길 → 삼거리에서 서서

이야기하다)　　　　　사소한

VID (보다)

visit (보다)　　　　　　방문하다

visible (보다)　　　　　눈에 보이는

advise (향하다, 보다 → 방향을 가리키다)

조언하다

revise (다시, 보다)　　　개정하다

evidence (밖, 보다)　　　증거

evident (밖, 보다)　　　명백한

provide (앞, 보다 → 비축) 공급하다

view (보다)　　　　　　풍경

review (다시, 보다)　　　재검토하다

survey (위, 보다)　　　　조사

envy (안, 보다 → 들여다보다) 부러워하다

VIVE (살다)

revive (다시, 살다) 부활하다

vivid (살다)　　　　　　생생한

vital (살다)　　　　　　중요한

VOC (목소리)

advocate (향하다, 목소리) 주장하다

vocation (목소리 → 신의 목소리) 천직

VOLVE (돌다)

involve (안, 돌다)　　　끌어들이다

evolution (밖, 돌다 → 테두리 밖) 진화

revolution (다시, 돌다)　혁명

Group 0

중학 기초 과정

기수

one 1
[wʌ́n]

two 2
[tú:]

three 3
[θrí:]

four 4
[fɔ́:r]

five 5
[fáiv]

six 6
[síks]

seven 7
[sévn]

eight 8
[éit]

nine 9
[náin]

ten 10
[tén]

eleven 11
[ilévən]

twelve 12
[twélv]

thirteen 13
[θə̀:rtí:n]

fourteen 14
[fɔ̀:rtí:n]

fifteen 15
[fìftí:n]

sixteen 16
[sikstí:n]

seventeen 17
[sèvəntí:n]

eighteen 18
[èití:n]

nineteen 19
[nàintí:n]

twenty 20
[twénti]

twenty-one 21
[twénti-wʌ́n]

twenty-two 22
[twénti-tú:]

thirty 30
[θɔ́:rti]

forty 40
[fɔ́:rti]

fifty 50
[fífti]

sixty 60
[síksti]

seventy 70
[sévənti]

eighty 80
[éiti]

ninety 90
[náinti]

one hundred 100
[wʌ́n hʌ́ndrəd]

one thousand 1000
[wʌ́n θáuz(ə)nd]

서수

first 첫 번째의
[fɔ́:rst]

second 두번째의
[sékənd]

third 세 번째의
[θɔ́:rd]

fourth 네 번째의
[fɔ́:rθ]

fifth 다섯 번째의
[fífθ]

sixth 여섯 번째의
[síksθ]

seventh 일곱 번째의
[sévənθ]

eighth 여덟 번째의
[éitθ]

ninth 아홉 번째의
[náinθ]

tenth 열 번째의
[ténθ]

eleventh 열한 번째의
[ilévənθ]

twelfth 열두 번째의
[twélfθ]

thirteenth 열세 번째의
[θə̀:rtí:nθ]

fourteenth 열네 번째의
[fɔ̀:rtí:nθ]

fifteenth 열다섯 번째의
[fìftí:nθ]

sixteenth 열여섯 번째의
[sìkstí:nθ]

seventeenth 열일곱 번째의
[sèv(ə)ntí:nθ]

eighteenth 열여덟 번째의
[èití:nθ]

nineteenth 열아홉 번째의
[nàintí:nθ]

twentieth	스무 번째의
[twéntiiθ]	
twenty-first	스물 한 번째의
[twènti-fɔ́:rst]	
thirtieth	서른 번째의
[θə́:rtiiθ]	
thirty-first	서른 한 번째의
[θə́:rti-fɔ́:rst]	

요일, 월, 계절

Sunday	일요일
[sʌ́ndei]	
Monday	월요일
[mʌ́ndei]	
Tuesday	화요일
[t(j)úːzdei]	
Wednesday	수요일
[wénzdei]	
Thursday	목요일
[θə́:rzdei]	
Friday	금요일
[fráidei]	
Saturday	토요일
[sǽtərdei]	
January	1월
[dʒǽnjuèri]	
February	2월
[fébruèri]	
March	3월
[mɑ́:rtʃ]	
April	4월
[éiprəl]	
May	5월
[méi]	

June	6월
[dʒúːn]	
July	7월
[dʒuːlái]	
August	8월
[ɔ́:gəst]	
September	9월
[septémbər]	
October	10월
[ɑktóubər]	
November	11월
[nouvémbər]	
December	12월
[disémbər]	
spring	봄
[spríŋ]	
summer	여름
[sʌ́mər]	
fall	가을
[fɔ́:l]	
winter	겨울
[wíntər]	

때

second	초
[sékənd]	
minute	분
[mínit]	
hour	시간
[áuər]	
morning	오전
[mɔ́:rniŋ]	
noon	정오
[núːn]	

afternoon	오후
[æ̀ftərnúːn]	
evening	저녁
[íːvniŋ]	
night	밤
[náit]	
day	날
[dei]	
week	주
[wíːk]	
month	월
[mʌ́nθ]	
season	계절
[síːzn]	
year	년
[jíər]	
century	세기
[séntʃəri]	

가족

family	가족
[fǽm(ə)li]	
grandfather	조부
[grǽn(d)fɑ̀:ðər]	
grandmother	조모
[grǽn(d)mʌ̀ðər]	
father	아버지
[fɑ́:ðər]	
mother	어머니
[mʌ́ðər]	
brother	형제
[brʌ́ðər]	
sister	자매
[sístər]	

son	아들
[sʌ́n]	
daughter	딸
[dɔ́:tər]	
husband	남편
[hʌ́zbənd]	
wife	아내
[wáif]	
uncle	삼촌
[ʌ́ŋkl]	
aunt	숙모
[ǽnt]	
cousin	사촌
[kʌ́zn]	
parent	부모
[pé(ə)rənt]	
child	아이
[tʃáild]	
children	아이들
[tʃíldrən]	
grandchild	손자
[grǽn(d)tʃaild]	

사람

man	남자
[mǽn]	
men	남자들
[mén]	
woman	여자
[wúmən]	
women	여자들
[wímin]	
boy	소년
[bɔ́i]	

girl	소녀
[gə́:rl]	
teacher	선생님
[tíːtʃər]	
student	학생
[st(j)úːdnt]	
friend	친구
[frénd]	

신체

body	몸
[bádi]	
head	머리
[héd]	
hair	머리카락
[héər]	
face	얼굴
[féis]	
eye	눈
[ái]	
nose	코
[nóuz]	
mouth	입
[máuθ]	
ear	귀
[íər]	
neck	목
[nék]	
shoulder	어깨
[ʃóuldər]	
back	등
[bǽk]	
stomach	배
[stʌ́mək]	

arm	팔
[áːrm]	
elbow	팔꿈치
[élbou]	
hand	손
[hǽnd]	
leg	다리
[lég]	
knee	무릎
[níː]	
foot	발
[fút]	
finger	손가락
[fíŋgər]	
toe	발가락
[tóu]	

소유물

pen	펜
[pén]	
pencil	연필
[péns(ə)l]	
eraser	지우개
[iréisər]	
book	책
[búk]	
dictionary	사전
[díkʃənèri]	
notebook	노트
[nóutbuk]	
picture	그림, 사진
[píktʃər]	
bag	가방
[bǽg]	

computer 컴퓨터
[kəmpjúːtər]

TV 텔레비전
[tíːvíː]

radio 라디오
[réidiòu]

desk 책상
[désk]

table 탁자
[téibl]

fork 포크
[fɔ́ːrk]

knife 나이프
[náif]

집

house 집(건물)
[háus]

home 집(생활을 하는 장소)
[hóum]

roof 지붕
[rúːf]

window 창문
[wíndou]

wall 벽
[wɔ́ːl]

floor 마루
[flɔ́ːr]

ceiling 천장
[síːliŋ]

kitchen 부엌
[kítʃən]

dining room 식당
[dáiniŋ rúːm]

living room 거실
[líviŋ rúːm]

door 문
[dɔ́ːr]

공부

English 영어
[íŋgliʃ]

Japanese 일본어
[dʒæ̀pəníːz]

math 수학
[mǽθ]

science 과학
[sáiəns]

social studies 사회
[sóuʃəl stʌ́diz]

P.E. 체육
[píːíː]

music 음악
[mjúːzik]

art 미술
[áːrt]

home economics 가정
[hóum èkənámiks]

자연

space 우주
[spéis]

star 별
[stáːr]

cloud 구름
[kláud]

sun 태양
[sʌ́n]

earth 지구
[ɔ́ːrθ]

moon 달
[múːn]

mountain 산
[máunt(ə)n]

hill 언덕
[híl]

stone 돌
[stóun]

rock 바위
[rák]

tree 나무
[tríː]

forest 숲
[fɔ́rist]

river 강
[rívər]

lake 호수
[léik]

flower 꽃
[fláuər]

동물

dog 개
[dɔ́ːg]

cat 고양이
[kǽt]

horse 말
[hɔ́ːrs]

cow 젖소
[káu]

monkey 원숭이
[mʌ́ŋki]

385

rabbit	토끼	banana	바나나	zoo	동물원
[rǽbit]		[bənǽnə]		[zú:]	
elephant	코끼리	potato	감자	street	거리
[éləfənt]		[pətéitou]		[strí:t]	
bird	새	breakfast	조식	bridge	다리
[bɔ́:rd]		[brékfəst]		[brídʒ]	
fish	물고기	lunch	점심	village	마을
[fíʃ]		[lʌ́ntʃ]		[vílidʒ]	
		dinner	저녁식사	town	읍

음식물

milk	우유	[dínər]		[táun]	
[mílk]				city	도시
coffee	커피	### 스포츠		[síti]	
[kɔ́:fi]		tennis	테니스	country	나라
tea	차	[ténis]		[kʌ́ntri]	
[tí:]		baseball	야구	world	세계
water	물	[béisbɔ̀:l]		[wɔ́:rld]	
[wɔ́:tər]		basketball	농구		
beer	맥주	[bǽskətbɔ̀:l]		### 나라	
[bíər]		volleyball	배구	Korea	한국
rice	쌀	[válibɔ:l]		[kərí:ə]	
[ráis]		soccer	축구	Japan	일본
bread	빵	[sákər]		[dʒəpǽn]	
[bréd]		swimming	수영	China	중국
beef	소고기	[swímiŋ]		[tʃáinə]	
[bí:f]				America	미국
pork	돼지고기	### 장소		(the USA)	
[pɔ́:rk]		park	공원	[əmérikə]	
chicken	닭고기	[pá:rk]		England	영국
[tʃíkən]		station	역	(the UK)	
apple	사과	[stéiʃən]		[íŋglənd]	
[ǽpl]		church	교회	Australia	호주
orange	오렌지	[tʃɔ́rtʃ]		[ɔ:stréiljə]	
[ɔ́rindʒ]		school	학교		
		[skú:l]			

386

색

black [blǽk]	검정
white [(h)wáit]	흰색
red [réd]	빨강
blue [blúː]	파랑
brown [bráun]	갈색
yellow [jélou]	노란색
green [gríːn]	녹색
gold [góuld]	금색
silver [sílvər]	은색

상태

hot [hát]	더운
warm [wɔ́ːrm]	따뜻한
cool [kúːl]	시원한
cold [kóuld]	추운
sunny [sʌ́ni]	맑은
rainy [réini]	비오는
cloudy [kláudi]	흐린

snowy [snóui]	눈의
new [n(j)úː]	새로운
old [óuld]	오래된
young [jʌ́ŋ]	젊은
pretty [príti]	귀여운
big [bíg]	큰
large [láːrdʒ]	큰
small [smɔ́ːl]	작은
long [lɔ́ːŋ]	긴
tall [tɔ́ːl]	키가 큰
short [ʃɔ́ːrt]	짧은
high [hái]	높은
low [lóu]	낮은
many [méni]	많은(수)
much [mʌ́tʃ]	많은(양)
every [évri]	~마다
all [ɔ́ːl]	전부의

빈도

always [ɔ́ːlweiz]	언제나
often [ɔ́ːfən]	자주
usually [júːʒuəli]	보통은
sometimes [sʌ́mtàimz]	때로는

동작

eat [íːt]	먹다
play [pléi]	하다
study [stʌ́di]	공부하다
learn [lɔ́ːrn]	배우다
use [júːz]	쓰다
look [lúk]	보다
see [síː]	보이다
hear [híər]	들리다
listen [lísn]	경청하다
speak [spíːk]	말하다
tell [tél]	통고하다
talk [tɔ́ːk]	말을 주고 받다

go [góu]	가다	teach [tí:tʃ]	가르치다	write/wrote/written teach/taught/taught know/knew/known
come [kʌ́m]	오다	know [nóu]	알다	
open [óup(ə)n]	열다	ask [ǽsk]	묻다	
close [klóuz]	닫다	answer [ǽnsər]	대답하다	
stand [stǽnd]	서다	cry [krái]	울다	
sit [sít]	앉다	stop [stáp]	그만두다	
live [lív]	살다, 살아 있다	start [stá:rt]	시작하다	
die [dái]	죽다	end [énd]	끝나다	

run [rʌ́n]	달리다
walk [wɔ́:k]	걷다

Group 0의 불규칙 동사

eat/ate/eaten
see/saw/seen
hear/heard/heard
speak/spoke/
spoken
tell/told/told
go/went/gone
come/came/come
stand/stood/stood
sit/sat/sat
run/ran/run
swim/swam /swum
make/made/made
take/took/taken
leave/left/left
read/read*/read*
*[발음 red]

swim [swím]	수영하다
make [méik]	만들다
take [téik]	잡다
leave [lí:v]	떠나다
read [rí:d]	읽다
write [ráit]	적다
help [hélp]	돕다

388

중·고등학교 6년분 영단어

New

한권으로 마스터하기

개정2판 | 2022년 7월 20일

저자 | HIRAYAMA ATSUSHI

발행인 | 이기선

발행처 | 제이플러스

주소 | 서울시 마포구 월드컵로 31길 62

전화 | (02) 332-8320

팩스 | (02) 332-8321

등록번호 | 제10-1680호

등록일자 | 1998년 12월 9일

홈페이지 | www.jplus114.com

ISBN | 979-11-5601-196-5